Rudolf Koetzschke

Ruprecht von der Pfalz und das Konzil zu Pisa

Rudolf Koetzschke

Ruprecht von der Pfalz und das Konzil zu Pisa

ISBN/EAN: 9783743374096

Hergestellt in Europa, USA, Kanada, Australien, Japan

Cover: Foto ©ninafisch / pixelio.de

Manufactured and distributed by brebook publishing software (www.brebook.com)

Rudolf Koetzschke

Ruprecht von der Pfalz und das Konzil zu Pisa

Ruprecht von der Pfalz
und
das Konzil zu Pisa.

Inaugural-Dissertation

eingereicht

der hohen philosophischen Fakultät der Universität Leipzig

zur Erlangung der Doktorwürde

durch

Karl Rudolf Kötzschke
aus Dresden.

Jena
Frommannsche Buchdruckerei
(Hermann Pohle)
1889.

Herrn Dr. G. Erler

in Dankbarkeit

gewidmet.

§ 1. Ruprechts Kirchenpolitik während der ersten Jahre seiner Regierung.

Bevor die Gegner König Wenzels zu Oberlahnstein im August 1400 dazu schritten, durch Absetzung sich des „unnützen, faulen" Königs zu entledigen und den Pfalzgrafen Ruprecht III. auf den Thron zu erheben, gelobte dieser in seinem Wahlvertrage [1]), auch die Angelegenheiten der Kirche sich anbefohlen sein zu lassen und mit Rat seiner Kurfürsten auf schicklichen Wegen darin vorzugehen. Die abendländische Kirche war damals gefährdet durch den unheilvollen Streit, der um die Würde eines Oberhauptes der Christenheit zwischen den Päpsten von Rom und Avignon durch die Doppelwahl des Jahres 1378 entbrannt war.

König Wenzel hatte sich auf dem Reichstage zu Frankfurt im Februar 1379 im Verein mit den Erzbischöfen von Trier, Mainz und Köln und dem kurpfälzischen Hause für Urban VI. erklärt [2]). Zwar schlugen sich mächtige Reichsfürsten auf die Seite des französischen Papstes [3]), aber das war vorübergehend; Deutschland verharrte im Gehorsam des römischen. Frankreichs Vorschlag, durch Abdankung beider Päpste die Kircheneinheit herzustellen und ihre Einwilligung durch Obedienzverweigerung

---

1) Deutsche Reichstagsakten, hrsg. von Weizsäcker. III. (München 1877) 200. Art. 2.

2) R. A. I. (München 1867) 129—131.

3) Lindner, Geschichte des deutschen Reiches unter König Wenzel. Braunschweig 1875 und 1880. I. S. 101 f., 106 ff., 120 f.

zu erzwingen, fand wenig Anklang¹). Vielmehr hatte Wenzels Zusammenkunft mit König Karl VI. zu Rheims (1398) und die Gerüchte, welche über sein Versprechen, den französischen Wünschen zu willfahren, ausgesprengt wurden²), nur die Pläne jenes Geheimbundes, welcher gegen ihn im Werke war, begünstigt. Die Lage, wie sie durch die Ereignisse des August 1400 geschaffen war, zwang den neuen König, den Bestimmungen der goldenen Bulle zuwider in der päpstlichen Bestätigung eine feste Stütze für seine Rechtmäßigkeit zu suchen³). Bonifacius IX. hielt sich vorsichtig zurück; jedenfalls gedachte er bei diesem Anlaß verlorene Rechte der Kurie zurückzuerwerben und Ruprecht zu einem Werkzeug seiner politischen Pläne zu machen, besonders auch jeden Versuch zu vereiteln, über die Lösung der Kirchenfrage ein Einvernehmen mit dem König von Frankreich oder dem Gegenpapste zu treffen. Die unerhörten Bedingungen, die Antonius von Monte Catino im Mai 1401 dem Könige überbrachte⁴), konnte dieser nur mit Befremden zurückweisen⁵).

Sofort knüpfte Ruprecht nun mit dem französischen Hofe Verbindungen an. Ein Tag zu Metz, schon im Januar in Vorschlag gebracht⁶), ward auf den 24. Juni vereinbart⁷). Ruprecht gab seiner Gesandtschaft Anweisung, für folgendes bei den französischen Räten zu werben⁸): Bonifacius soll in den Vollbesitz der Kirche wieder eingesetzt werden; ein Konzil soll dann zusammentreten und der Gegenpapst oder auch beide Päpste ihr Recht verteidigen. Oder der römische König soll eine allgemeine Kirchenversammlung berufen und die Fürsten für ihren Besuch Sorge tragen; dort soll die Entscheidung getroffen werden. Ruprecht war also weit entfernt, Frankreich die Rolle

---

1) Lindner, a. a. O. II. 338 f.
2) R. A. III. 114,4. Lindner, II. 392 f., vgl. Beilage XXIV.
3) R. A. III. 220, 222, 223, vgl. L. Frey, Verhandlungen mit der Curie über die Approbation Ruprechts von der Pfalz. Leipzig 1886.
4) R. A. IV. (Gotha 1882) 5.
5) R. A. IV. 8.
6) R. A. IV. 296. 11ᵈ.
7) R. A. IV. 294—297.
8) R. A. IV. 298 und 299.

einer führenden Macht in den kirchlichen Händeln zuzugestehn und ebenso wenig konnte er sich darein finden, um des lieben Friedens willen den wahren römischen Papst preiszugeben. Ein Konzil, von ihm beschützt und geleitet, sollte den Rechtsstreit zum Austrag bringen: davon hoffte er den Sieg Roms über Avignon [1]). Zugleich mußte diese ruhmvolle That sein Ansehen sehr erhöhen. Aber Frankreich war nicht bereit, für den deutschen Gegenkönig zu arbeiten.

Überhaupt war Ruprechts Neigung, im Bunde mit Frankreich den Kirchenstreit zu beenden, nicht groß [2]); er gab sich der Hoffnung hin, einmal erst im Besitze Italiens, rasch die Einheit der Kirche herzustellen. Aber vor Brescia scheiterte seine Romfahrt und die Anerkennung und Kaiserkrönung machte der Papst von Eiden abhängig, die dem Könige jede freie Politik abschnitten [3]). Ruprecht scheute davor zurück, aber auf Begutachtung seiner italienischen Bundesgenossen gab er Anweisung, die Eide in seinem Namen zu leisten [4]); und nur die Unmöglichkeit der andern Bedingungen des Papstes gegen Galeazzo von Mailand [5]) und der drückende Geldmangel zwangen den König zur Rückkehr.

Schon vor seiner Ankunft ließ er durch Bumann dem Erzbischof von Köln die vertrauliche Mitteilung machen [6]), daß er unter Beistimmung der Kurfürsten lieber mit Frankreich sich einigen wolle, da der Papst mit so wunderlichen Sachen umgehe. Im August bevollmächtigte er seine Gesandten [7]), dem französischen König seine Geneigtheit auszusprechen, mit ihm vereint in der Kirchenfrage vorzugehen, wenn nur schickliche Wege zu finden seien. Einen bestimmten bezeichnete er nicht, wies aber wieder auf eine allgemeine Kirchenversammlung hin. Diese Gesandtschaft verweilte über ein halbes Jahr in Frankreich, ohne etwas auszurichten [8]). Die Franzosen blieben

---

1) Vgl. Lindner, II. S. 304, 341.
2) R. A. IV. 317,6.
3) R. A. IV. 25 und 26, vgl. 71 und 72.
4) Frey, S. 49 ff., R. A. IV. 53—55, vgl. 47, Art. 4.
5) R. A. IV. 73.
6) R. A. V. (Gotha 1885.) 208.
7) R. A. V. 287 und 289, 1—3, 7, 8.
8) R. A. V. 292.

bei ihren „Erfindungen", welche dem König nicht genehm waren.

Inzwischen hatte der Papst die Unterhandlungen wegen Bestätigung wieder eingeleitet (Sept. 1402)[1]), um durch die Unterstützung des deutschen Königs die mailändische Macht zu brechen und zugleich ein Gegengewicht sich zu schaffen gegen die ehrgeizigen Pläne des jungen Ladislaus, den er im Kampfe wider die französische Partei auf den Königsthron von Neapel erhoben hatte. Die Einigung mit Ruprecht kam zu stande. Wirklich ließ dieser durch seine Gesandten, die im März 1403 nach Rom abgingen[2]), schwören[3]), mit keiner weltlichen Gewalt einen bindenden Vertrag betreffs der Kirche eingegangen zu sein und keinen Versuch zur Beilegung des Streites ohne Zustimmung des Papstes zu machen oder nur dulden zu wollen, außer zu vollständiger Wiedervereinigung unter der römischen Obedienz. Seine Überzeugung von der Rechtmäßigkeit des Papstes erleichterte ihm dies bedeutungsvolle Zugeständnis. Am 1. Oktober sprach Bonifacius die Bestätigung Ruprechts in feierlicher Sitzung des Konsistoriums aus[4]).

In der That bewegte sich seit jenen Eiden Ruprechts Kirchenpolitik ganz im Geleise der päpstlichen. Als im August 1404 eine Gesandtschaft des Königs von Aragonien ihn aufforderte[5]), Benedikts Recht zu verhören und vor der Kaiserkrönung warnte, da er dann als Partei nicht mehr zu einem guten Mittler tauge, so schien es ihm unbillig, dies auszuschlagen; doch gab er keine bestimmte Antwort und beauftragte seinen Protonotar Ulrich von Albeck, den er nach Bonifacius' Tode (1. Okt. 1404) an die Kurie entbot, den Kardinälen den Vorfall zu melden.

Wieder empfahl er ein Konzil[6]), um der Kirche zur Ein-

---

1) Frey, S. 59 ff.
2) R. A. IV. 82.
3) R. A. IV. 87—89.
4) R. A. IV. 106.
5) R. A. V. 405,6.
6) R. A. V. 405.

heit zu verhelfen und mancherlei Gebrechen abzustellen [1]). Völlig verzichtete er darauf, die Neuwahl zu beeinflussen; er war bereit, auch die Erhebung des Gegenpapstes gutzuheißen. Doch äußerte er den Wunsch, dann das Reich und ihn selbst zu „versorgen". Ähnliches ließ er durch die Gesandtschaft aussprechen, die er zur Begrüßung Innocenz VII. im März 1405 abschickte [2]); er überließ dem Papste, Schritte zur Kircheneinigung zu thun und erbat sich seine väterliche Unterweisung.

Innocenz kam nun überhaupt nicht dazu, die Einigungsfrage gründlich in Angriff zu nehmen. Nach seinem Tode (6. Nov. 1406) beschworen die Kardinäle, bevor sie zur Neuwahl schritten, einen Vertrag [3]), wonach der künftige Papst das eidliche Gelöbnis ablegen sollte, freiwillig und vollständig der päpstlichen Würde zu entsagen, wenn der Gegenpapst gleichfalls auf sein vermeintliches Recht verzichte; genaue Bestimmungen zur Ausführung dieses Versprechens waren beigefügt. Die Wahl fiel auf Angelo Corrario [4]), einen Greis von achtzig Jahren, der sich durch den Ruf ausgezeichneter Bildung, durch Gewissenhaftigkeit und Sittenreinheit empfahl. Gregor XII. bestätigte sein Gelübde bei der Krönung und griff mit Eifer das vorgezeichnete Werk an.

In einem überschwänglichen Schreiben [5]) bezeugte Ruprecht dem Neuerwählten seine Freude, noch bevor ihm die offizielle Anzeige der Wahl zugekommen war. Als nun Gregor ihm die näheren Begebenheiten mitteilte [6]) und ausführte [7]), man dürfe nicht immer den Rechtsstandpunkt festhalten, sondern müsse oft der Zweckmäßigkeit und den Zeitumständen Rechnung tragen,

---

1) Dafs Ruprecht für die Reform der kirchlichen Zustände Sinn hatte, zeigt auch Gobelinus Persona, Cosmodromium VI. cap. 92. (H. MEIBOM, Rerum Germanicarum Tom. I. Helmstadii 1688. pg. 333 unten).
2) R. A. V. 470.
3) Dietrich von Nieheim, de schismate. III. 3.
4) Dietr. de schism. III. 1, 2, 12.
5) R. A. VI. (Gotha 1888) 129.
6) Bzovius, annales ecclesiastici. 1406. § 18.
7) non enim semper summo iuri inhaerendum est; saepe utilitatis et temporis ratio.

da wiederholte [1]) Ruprecht mit hochtönenden Worten seine Freude und erteilte den getroffenen Maßregeln seine Zustimmung, „obschon die strenge Gerechtigkeit dem römischen Papst den Stuhl Petri zuerkennen muß". Auch dankte er für das freundliche Wohlwollen, dem der Papst in seinem Schreiben Ausdruck verliehen hatte [2]), ermahnte die Kardinäle [3]), ihm, wie die Glieder dem Haupte, zu folgen und kündigte eine Gesandtschaft an [4]). Die Person des Gewählten mag dem Könige besonders willkommen gewesen sein [5]).

Gleichwohl konnte Ruprecht bei seiner Abneigung gegen die französischen „Erfindungen", zu denen sich jetzt der Papst selbst bekannte, im Grunde nie ein Freund dieser Pläne sein. Während der Verhandlungen, die sich über eine Zusammenkunft Gregors mit Benedikt bis ins Frühjahr 1408 hinspannen, drängten sich am päpstlichen Hofe zu Rom, Siena und Lucca Gesandte aus aller Herren Ländern [6]); aber weder Ruprecht, von dessen Ankunft manche das Ende der Spaltung erhofften, noch einer der Kirchenfürsten Deutschlands war vertreten [7]).

Zwar machte der König 1407 einen Versuch, im Verein mit den Reichsständen an die Lösung der Kirchenfrage heranzutreten [8]). Er beschied etwa für die Mitte April seine Kurfürsten und Fürsten zu einem Tag in dieser Angelegenheit, wahrscheinlich nach Nürnberg; aber obgleich wenigstens Erzbischof Johann von Mainz bereit war, zu erscheinen, ließ er den Plan einer solchen Beratung wieder fallen, wir wissen nicht, warum. Bald darauf brachen schwere Gefahren von Ost und West über ihn herein.

---

1) R. A. VI. 130. Ruprecht hat also das Papsttum Gregors nicht als bedingt angesehen.
2) Gregor schrieb: in ceteris rebus, quae ad te et tuos attinent, gratiam et benignitatem nostram promptissime offerentes.
3) R. A. VI. 131.
4) R. A. VI. 130 am Schluſs.
5) Wenigstens behandelte er Innocenz kühler.
6) Dietr. Nemus unionis. VI. 31.
7) Aus Mainz war in dieser Zeit Johannes Bensheim an der Kurie, aber wohl nicht als Gesandter des Erzbischofs. R. A. VI. 369. pg. 678,4.
8) R. A. VI. 133, Art. 2, vgl. pg. 170 f.

Wir sehen, während Ruprecht in den ersten Jahren seiner Regierung, bald in Anlehnung an Frankreich, bald im Einverständnis mit dem Papst die Beilegung des Kirchenstreites anstrebte, widmete er etwa seit 1405 seine Kraft nur den heimischen Verhältnissen, gewiß mit Recht. Diese Gesamtrichtung seiner Politik war auch maßgebend für seine abwartende Stellung gegenüber den jüngsten Vorgängen in der Kirche, bis endlich im Sommer 1408 unerwartete Ereignisse ihm die Wiederaufnahme seiner kirchenpolitischen Thätigkeit aufnötigten.

§ 2. Die politische Lage Deutschlands im Frühjahr 1408.

Es konnte nicht ausbleiben, daß Ruprechts Zurückhaltung namentlich von Männern, die für die kirchliche Einheit eiferten, ihm als Schwäche ausgelegt wurde. So wandte sich Dietrich von Nieheim, der bekannte westfälische Geschichtsschreiber, an den deutschen König mit einem Mahnschreiben [1]) (1. Mai 1408), welches durch die tief in ihm wurzelnde Vaterlandsliebe und schwärmerische Begeisterung für die herrlichen Thaten der Vorzeit ebenso charakterisiert wird, wie durch unpolitische Auffassung der Zustände in Italien und Deutschland, durch Behauptungen, die der Wahrheit ins Gesicht schlagen [2]), durch den rednerisch aufgeputzten Ausdruck, der die Gedankenarmut mit Bibelstellen nur dürftig verschleiert.

Wir leugnen nicht, daß es gar nicht in Ruprechts Wesen lag, sofort mit aller Entschiedenheit in die neue Bewegung einzutreten. Bevor wir jedoch in Dietrichs bittere Vorwürfe einstimmen, müssen wir versuchen, des Königs Haltung aus der politischen Lage Deutschlands in jenen Tagen zu begreifen.

Deutschlands [3]) Kraft war innerlich gebrochen durch das

---

1) Dietr. Nem. un. VI. 32.

2) Cumula nunc et sarcina tibi thesauros transitorios, quibus diu gaudere non potes dem Könige, dessen Regierung sehr wesentlich an steter Geldnot scheiterte.

3) Vgl. HÄBERLIN, Die allgemeine Welthistorie in einem vollständigen und pragmatischen Auszuge. Neue Historie. 4. Bd. HÄUSSER, Geschichte der rheinischen Pfalz. I. Heidelberg 1845. S. 248 ff. HÖFLER, Ruprecht von der Pfalz, gen. Clem, römischer König. Freiburg i. Br. 1861.

Doppelkönigtum; das war der Krebsschaden, der auch den Einfluß der Deutschen auf die Kirchenfrage zersetzte. Denn König Wenzel hatte seine Ansprüche auf das Reich nie aufgegeben. Auch fand er noch Anerkennung bei den schlesischen Fürsten, bei seinen böhmischen Großen, bei Markgraf Jost von Brandenburg und Mähren.

Die großen im Reiche herrschenden Geschlechter fanden meist gut, gar nicht entschieden Partei zu ergreifen: so Kurfürst Rudolf von Sachsen, so die Habsburger, etwa von Friedrich, dem jüngsten Bruder, dem Tirol und die habsburgischen Besitzungen im südlichen Schwaben und Elsaß zugefallen waren, abgesehen, der seit 1407 mit einer Tochter Ruprechts vermählt war [1]). Die beiden ältern [2]) zersplitterten ihre Macht in ihren fortwährenden Kämpfen um die Vormundschaft des jungen Albrechts, des spätern römischen Königs.

Die Wettiner, die im Besitze der Mark Meißen und der Landgrafschaft Thüringen waren, hielten sich anfangs zu Ruprecht. Jedoch die Aussicht, durch eine Heirat mit der Nichte Wenzels, Elisabeth von Görlitz, ihre Hausmacht bedeutend zu vergrößern, bewog sie, sich dem Luxemburger zu nähern. Ja eine Vereinigung Wenzels mit dem sächsischen Kurfürsten und den Meißner Markgrafen war im Anzuge (Juli 1407) [3]). Um diese Zeit versuchte er auch bei Papst Gregor, der kirchlichen Anerkennung wieder teilhaftig zu werden [4]). Doch ging die Gefahr für Ruprecht vorüber: die Wettiner, in ihrer Hoffnung auf die Hand der Elisabeth getäuscht, sagten sich los und Gregor hielt an Ruprecht fest.

Auch die Wittelsbacher waren keineswegs treue Genossen ihres pfälzischen Verwandten. Herzog Ernst von Bayern-München und Herzog Ludwig von Bayern-Ingolstadt traten, wenigstens vorübergehend, gerade in jener verhängnisvollen Zeit

---

1) R. A. V. 463—466, s. pg. 677,41.
2) THOMAS EBENDORFFER DE HASELBACH, Chronicon Austriacum bei PEZ, script. rer. Austr. II. pg. 828 ff. Vgl. KURZ, König Albrecht II. I. pg. 51 ff. HUBER, Geschichte Österreichs. II. pg. 411.
3) R. A. VI. 148—150.
4) R. A. VI. 152.

in nahe Beziehungen zu Wenzel, Ludwig[1]) sogar in dauernde Verbindung mit Ruprechts Feinden am Rhein.

Die Burggrafschaft Nürnberg war damals geteilt zwischen Johann III. und Friedrich VI., dem nachmaligen Kurfürsten von Brandenburg, aus dem Stamme der Hohenzollern. Friedrich schloß sich eng an Ruprecht an, weil er von ihm die Festigung der Reichsgewalt erhoffte, und that ihm treuen Dienst; Johann freilich schwankte. Mit den Meißner Markgrafen gerieten sie in einen Streit um einen Teil der Erbschaft des verstorbenen Markgrafen Wilhelm des Ältern von Meißen[2]). Sie wandten sich mit einer Klage an das königliche Hofgericht nach Heidelberg und gaben so Ruprecht Gelegenheit, von Reichs wegen einzugreifen. Am 30. Jan. 1408 erging die Vorladung an die Beteiligten[3]).

Fragen wir endlich nach dem Westen des Reiches, von wo ja Ruprechts Königtum ausgegangen war, so durfte er unter den weltlichen Fürsten den Herzog Karl von Lothringen, seinen Schwiegersohn, den Landgrafen Hermann von Hessen, die Herzöge von Braunschweig und Lüneburg, wohl auch die Herzöge von Jülich-Geldern und Berg zu seinen Anhängern zählen. Die Geistlichen waren ihm natürlich bei seinem Bunde mit Rom ergeben. Gerade unter diesen stand aber einer auf, der sein gefährlichster Gegner ward, der Erzbischof von Mainz, Johann aus dem Hause der Grafen von Nassau.

Wie schon sein Bruder Adolf in den Wirren nach Beginn der Kirchenspaltung den Mainzer Stuhl sich zu verschaffen gewußt, so hatte Johann[4]) wider die Wahl des Domkapitels sein Erzbistum von Bonifacius IX. durch geschickte Unterhandlungen und flüssiges Geld erstanden. Er war die eigentliche Triebkraft jener Verschwörung, die Wenzels Sturz herbeiführte. Und wieder war er es vor allen, der Ruprechts Bemühungen, seine Würde zur Stärkung der königlichen Macht und der Ordnung im Reiche zu benutzen, zu Schanden machte. Denn ein kräftiges Königtum vertrug sich nicht mit den politischen Ab-

---

1) R. A. VI. 105 und 106.
2) Monumenta Zollerana VI. (Berlin 1860) N. 394. pg. 408 ff.
3) Ebenda N. 418. pg. 439.
4) Gerits, Zur Geschichte Erzbischof Johann II. von Mainz.

sichten des Kurfürsten bei dem Gegensatze, wie er nun einmal durch die Entwicklung der deutschen Verfassung zwischen den Ständen und dem Reichsoberhaupte sich herausgebildet hatte.

Johann war das Haupt des Marbacher Bundes, welcher am 14. Sept. 1405 gegen den König geschlossen worden war [1]), so mächtig, daß er der folgenden Epoche von Ruprechts Regierung das Gepräge aufdrückt. Markgraf Bernhard von Baden, Graf Eberhard von Württemberg, Straßburg und siebzehn schwäbische Städte waren beteiligt; Worms, Speier, Wangen, Rotenburg, Augsburg, Lindau, Graf Philipp von Nassau, auch Herzog Ludwig von Bayern schlossen sich an. So hielt der Bund die Rheinpfalz wie mit eisernen Klammern umfaßt und lähmte jede freie Thätigkeit des Königs.

Wohl gelang es Ruprecht, durch Verträge mit einzelnen Gliedern den innern Zusammenhalt dieser Vereinigung zu untergraben. So kam schon am 28. Febr. 1407 ein Ausgleich mit dem Mainzer [2]) zu stande, ohne daß freilich der Anlaß zu Reibereien zwischen den beiden Nachbarn auf die Dauer hätte beseitigt werden können. Speier [3]) schloß sich am 5. März 1408 an den König an und erlangte dadurch Vorteil für seinen Handel [4]). Straßburg [5]) folgte am 5. April nebst 11 andern elsässischen Reichsstädten, endlich am 2. Sept. die Württemberger Grafen [6]). Aber der Bund blieb eine Größe, mit der man in der Politik rechnen mußte.

Überdies bestand die Möglichkeit, daß König Wenzel von Osten her [7]), von Westen Frankreich ihm die Hand reichte [8]). Schon seit einem Jahrhundert war die politische Interessen-

---

1) R. A. V. 489.
2) R. A. VI. 86 und 87; zwischen Johann und Ruprechts Söhnen R. A. VI. 88.
3) R. A. VI. 183 und 184.
4) Schaab, Geschichte des großen rheinischen Städtebundes. Mainz 1843. I. S. 426.
5) R. A. VI. 188.
6) R. A. VI. 190.
7) s. R. A. VI. 31.
8) Es finden sich Anzeichen, daß der Bund mit Frankreich 1406 hochverräterische Beziehungen unterhielt. R. A. VI. 21. Art. 2, vgl. pg. 11, 15 ff.

gemeinschaft zwischen Frankreich und Böhmen festgestellt, indem beiden Mächten die Bildung einer starken Gewalt am Rhein und in Oberdeutschland nachteilig sein mußte. Darum hatte die Familie der Luxemburger zu wiederholten Malen dem französischen Herrscherhause ihre Freundschaft bewiesen, während sich die Pfälzer mehr zu England neigten [1]) und, so nah der Grenze, die westlichen Nachbarn mit Argwohn und Besorgnis beobachteten.

Überall war ja der französische Einfluß im Vordringen begriffen, in Italien, Burgund, Lothringen, den Niederlanden. Ruprechts eifrigster Gegner war der Herzog Ludwig von Orleans, der Bruder des irrsinnigen Königs Karl VI., der im Rate der königlichen Prinzen den ersten Platz behauptete. Seine Politik war, die Zersplitterung und Ohnmacht Deutschlands auszunützen, um deutsches Grenzgebiet an Frankreich zu bringen; ja man sagte ihm Streben nach der Kaiserkrone nach [2]). Er griff Metz an (1406) [3]), versuchte Toul zu gewinnen [4]) und schickte sich zu einem Zuge gegen den König selbst an (Mai 1407), so daß Ruprecht eine Beratung seiner Fürsten und Städte über gemeinsame Abwehr der Welschen in Aussicht nahm (Juli 1407) [5]). Zwar ward jener auf Anstiften Johanns des Unerschrockenen von Burgund am 23. Nov. 1407 ermordet; allein dieser stellte sich, nachdem er alle Gewalt in Frankreich an sich gerissen hatte, zu Ruprecht nicht besser. Vielmehr bedrohte das Anschwellen der burgundischen Macht Westdeutschland noch unmittelbarer, zumal da Anton, ein Bruder Johanns von Burgund, nach der testamentarischen Bestimmung der Herzogin Johanna von Brabant 1406 ihr Erbe angetreten hatte [6]). Ruprecht bemühte sich, seinem Wahlversprechen gemäß [7]) zu Gunsten des

---

1) Ruprecht selbst ward 1397 Vasall König Richard II. von England. RYMER, acta publica, foedera .... III. 4, 129, 130, 143. Sein Sohn, der Kurprinz Ludwig, heiratete eine englische Prinzessin (1402). s. R. A. V. 12—14.
2) R. A. V. 293. pg. 398,6—11, 20 ff.
3) R. A. VI. 29, 30, Art. 2.
4) R. A. VI. pg. 13,10.
5) R. A. VI. pg. 13,14 ff.
6) MONSTRELET, Cap. 32. DYNTER VI. cap. 76 und 77.
7) R. A. III. 200. Art. 4.

Reiches seine Oberlehnshoheit geltend zu machen, doch fruchtlos [1]). Ja nach dem Tode seiner ersten Gemahlin unterhandelte [2]) Anton mit Wenzel über eine Heirat mit dessen Nichte Elisabeth von Görlitz, die viel umworben war, weil mit ihrer Hand reiche Besitzungen des luxemburgischen Hauses zu vergeben waren, zumal wenn die letzten Glieder dieser Familie, Wenzel, Sigmund und Jost, kinderlos aus dem Leben schieden, wie es den Anschein hatte. In Gent wurde am 20. Juli 1408 ein Vertrag darüber aufgesetzt [3]); bemerkenswert ist der letzte Abschnitt, worin die beiden Herzöge Anton und Johann versprachen, dem König Wenzel mit 2000 Lanzen Beistand zu leisten, insbesondere gegen Ruprecht, Herzog in Bayern. Auch verstimmte sein Eingreifen [4]) in den Lütticher Bischofsstreit (Sept. 1408) in Heidelberg; man sah darin einen neuen Versuch, deutsches Land sich anzueignen [5]).

Jetzt war die ganze Aufgabe der Staatskunst Ruprechts, die drohende Verbindung jener drei feindlichen Gewalten, die seinen Königsthron mit einem Schlage zertrümmern mußte, zu verhindern. Ist es da wunderbar, wenn er die Angelegenheiten der Kirche vernachlässigte und den Papst, dem er Vertrauen schenkte, thun ließ, was ihm gefiel? Der Unlust zu raschen und klaren Entschlüssen, wie sie in Ruprechts Charakter begründet war, gesellte sich die durch die Verhältnisse gebotene Vorsicht, entscheidende Schritte nach irgend einer Richtung zu vermeiden, um nicht die lauernden Gegner aufs neue zu reizen

---

1) MARTÈNE et DURAND, Thesaurus novus anecdotorum. Paris 1717. 5 voll. I. p. 1718.
2) MONSTRELET, Chroniques. Paris 1836. Livre I. pg. 157. EDMUND DE DYNTER, Chronica nobilissimorum ducum Lotharingiae et Brabantiae, ed. de Ram. (Collection de Chroniques de Belges. voll. 17—19) lib. VI. cap. 83, 88, 89.
3) R. A. VI. pg. 342,26 f. PELZEL, Lebensgeschichte des römischen und böhmischen Königs Wenceslaus II. (Leipzig und Prag 1790.) S. 536 f.
4) Gob. Persona, Cosmodr. VI. cap. 89, bei MEIBOM I. pg. 327. MONSTRELET I. cap. 45 und 50, DYNTER, cap. 86 und 87.
5) R. A. VI. 268 (Postillen: s. S. 28. Anm. 8) Glosse 137. pg. 415,29 ff.: ut possint ampliare terminos suos et falcem suam eo melius et coloracius mittere in messem alienam, prout iam de novo in Brabancia et novissime in Leodio dicuntur fecisse.

oder auch durch Unterstützung ihrer kirchenpolitischen Pläne zu fördern. Ein Übergreifen der kirchlichen Frage auf das Gebiet der rein politischen Verwicklungen im Reiche und draußen konnte von verhängnisvollen Folgen für Ruprecht begleitet sein. Dem mußte er, soweit möglich, zu entgehen suchen; und dazu war abzuwarten wenigstens das bequemste Mittel. Wirklich war es Ruprecht möglich gewesen, die Ordnung in Oberdeutschland zu befestigen. Die vom Marbacher Bunde drohende Gefahr war gemäßigt. Die Fehde zwischen dem Burggrafen Friedrich von Nürnberg und der Reichsstadt Rotenburg ward ausgeglichen[1]), der Appenzeller Krieg vom König durch seinen Schiedsspruch beendet[2]). So schien das Gebiet, welches Ruprecht als König anerkannte, einer gewissen Beruhigung entgegenzugehen. Da aber schlug von Süden her aus den Wetterwolken, die sich über Papst Gregors Haupt zusammengezogen hatten, der Blitz zündend ein und die kaum verglimmenden Flammen des Haders loderten wieder hell empor.

§ 3. Die Berufung des Pisaner Konzils.

Die ersten Schritte Gregors nach der Krönung hatten viel Freude und Beifall erweckt[3]); man wähnte, dem Ende der kirchlichen Wirren nahe zu sein. In Marseille kam ein Vertrag zustande (April 1407), wonach die Päpste im Herbst in Savona

---

1) Mon. Zoll. VI. 421. pg. 442.
2) s. Stälin, Wirtembergische Geschichte III. Stuttgart 1856. S. 388—393.
3) Dieser Skizze der folgenden Ereignisse liegen hauptsächlich zu Grunde: Dietr. Nem. un. L IV. VI., de schism. III. 12—36. Gobelinus, Cosmodr. VI. Cap. 88 und 89. Ser. Cambii, Cronica di Lucca: Muratori, Scriptores rerum Italicarum XVIII, 882—888. Leonardi Bruni Arretini epistolarum libri, ed. Mehus. Monachus St. Dionysianus, Chronica Caroli VI. ed. Bellaguet in Collection de documents inédits sur l'histoire de France. série 1. L. lib. XXVII—XXIX. Raynald, annales ecclesiastici 1406—1408; endlich die Aktenstücke bei Mansi, Sacrorum conciliorum nova et amplissima collectio, Venetiis 1784. XXVI u. XXVII, unter Concilium Pisanum gesammelt. Unter den Darstellungen aus neuer Zeit, in deren Kritik ich mich natürlich nicht einlassen kann, hebe ich hervor: Lenfant, Histoire du concile de Pise. 2 Bd. Amsterdam 1721—1727. Wessenberg, Die grofsen Kirchenversammlungen des

zusammentreffen sollten. Doch sehr bald machte Gregor Schwierigkeiten, weil der Ort ihm keine Sicherheit zu bieten schien und er Benedikts Seemacht fürchtete. Die dringenden Mahnungen der französischen Gesandten wie der Boten des Gegenpapstes blieben ohne Erfolg. Vielmehr stärkten ihre Umtriebe in Rom, ihre Versuche, sich den Kardinälen zu nähern, nur seinen Verdacht. Kurz er verließ zwar Rom, ging aber nur bis Siena und dann nach Lucca, während Benedikt in Savona pünktlich eintraf und seinem Gegner bis Portovenere entgegenkam. Das Mißtrauen, fortan der schlimmste Feind der Kircheneinigung, ließ die endlosen Verhandlungen über einen Ort der Zusammenkunft zu keinem Ergebnis führen. Man gewann allmählich den Eindruck, als ob die beiden unter einer Decke spielten und die Christenheit in ihrer Not zum Besten hätten.

War es da nicht natürlich, wenn die Kardinäle, die Schöpfer des Wahlvertrages, sich ein Recht, ja die Pflicht zuschrieben, jene frische Strömung nach Herstellung der Einheit vor Versumpfung zu bewahren? Das Gefühl, verantwortlich zu sein für die Fortdauer der unheilvollen Spaltung, der Wunsch, Anteil zu nehmen am Kirchenregiment, der Haß gegen eine kleine Partei, welche sich des Papstes bemächtigte und fremde Einwirkung fern zu halten verstand [1]), endlich die Bearbeitung von Seiten der französischen Gesandten, alles das verbündete sich, sie wider den Papst aufzureizen. Und als nun Ladislaus, der in einem Siege Frankreichs im Kirchenstreit eine Bedrohung seiner Krone erblickte, Rom in seine Gewalt brachte und seine Heeresmacht nach dem nördlichen Toscana vorschob, bereit,

---

15. und 16. Jahrhunderts. Konstanz 1840. Bd. 2. S. 50 ff. Christophe, Histoire de la papauté pendant le quinzième siècle. Lyon und Paris 1863. Hefele, Conciliengeschichte. Bd. 6. Freiburg i. Br. 1867. §§ 721 ff. pg. 757 ff. Gregorovius, Geschichte der Stadt Rom. Bd. VI. S. 571—592. Sauerland, Gregor XII. bis zum Vertrag von Marseille. Erler, Florenz, Neapel und das päpstliche Schisma in Raumers historischem Taschenbuch, hrsg. von Maurenbrecher für 1889. Auch Schwab, J. Gerson, endlich Höfler berühren diese Dinge.

1) Dies hat neuerdings dargelegt Sauerland, Cardinal Johannes Dominici und sein Verhalten zu den kirchlichen Unionsbestrebungen während der Jahre 1406—1415. Brieger's Zeitschrift für Kirchengeschichte. Bd. IX. H. 2 u. 3. S. 240 ff. und besonders Bd. X. H. 4.

jede unliebsame Lösung der Kirchenfrage zu verhindern, da griff die mächtige florentinische Republik, für ihre freiheitliche Entwicklung besorgt, im Sinne der französischen Kirchenpolitik ein: sie bot den Kardinälen ihr Gebiet als Zufluchtsstätte an. Gregors Absicht, nach dem Falle Roms durch Ernennung neuer Kardinäle sich eine treue Partei im Kollegium zu gründen, schürzte die geheim gesponnenen Fäden zum Knoten: am Morgen des elften Mai verließ der Kardinal von Lüttich in Verkleidung Lucca trotz der strengen Gebote des Papstes vom 4. Mai; am Abend folgten sechs dem entflohenen nach Pisa. Nur drei harrten bei ihrem erwählten Oberhaupt noch aus.

Ende Mai ließ nun Frankreich an beide Kollegien die Aufforderung ergehen, sich mit den Gegenkardinälen zu verbinden und gemeinsam das Einigungswerk anzugreifen, soweit möglich, den Gesetzen gemäß. In Livorno trafen Kardinäle beider Parteien zusammen; am 11. Juni war die Beratung zu einem Abschluß gediehen, der Weg einer allgemeinen Kirchenversammlung angenommen. Wenig Tage später schrieb Benedikt ein Konzil nach Perpignan am Nordabhang der Pyrenäen aus und fuhr plötzlich dahin ab, um sich in den Bergen seiner Heimat vor der französischen Vergewaltigung sicher zu wissen.

Das mußte die Beilegung des Kirchenstreites erschweren; freilich erhielten jetzt seine Kardinäle volle Bewegungsfreiheit. Am 29. Juni ward die Einigung der beiden Kollegien vollzogen; gestützt auf die Gutachten der Universitäten Paris und Bologna kam man überein, beide Obedienzen auf einer allgemeinen Kirchenversammlung zu vereinigen, durch freiwillige Abdankung oder kanonische Absetzung der Päpste das Ärgernis aus der Welt zu schaffen und ein einiges und zweifelloses Oberhaupt durch gemeinschaftliche Wahl der Christenheit zu geben. Eidlich gelobten sie, von diesem Wege nur auf gemeinsamen Beschluß hin abzuweichen. Die römischen Kardinäle erklärten in einem Schreiben vom 1. Juli, schon am 11. Mai dem Papste den Gehorsam entzogen zu haben.

Der folgende Tag brachte das Konzilsausschreiben Gregors[1]: der Versammlungsort war nur allgemein als das Exarchat von Ravenna oder die Mark Ankona bezeichnet — ein Beweis, daß

---

1) s. R. A. VI. 200. pg. 275, Anm. 1.

ihm eine schnelle förmliche Berufung nötig erschien. Wiederum bot er den Kardinälen seine Verzeihung an und erregte doch nur den Verdacht, ihre Eintracht listig zerstören zu wollen. Bald darauf (14. Juli) begab er sich nach Siena zurück: König Ladislaus, dessen Natur ein merkwürdiges Spiel rücksichtsloser Kraftentfaltung und weicher Erschlaffung aufwies, war schon im Juni nach Neapel heimgekehrt.

Die Kardinäle freilich sahen in Gregors Berufung ein neues Mittel, die päpstliche Würde zu behaupten: nur ein Konzil beider Parteien, welches die Frage nach dem Rechte der einen gar nicht zuließ, sondern sich auf den Boden der Thatsachen stellte und auf eine rasche Erledigung des päpstlichen Stuhles hinarbeitete, konnte der Kirche den lang ersehnten Frieden schenken.

Aber schon die Wahl eines Ortes machte Schwierigkeit. Man dachte an Pisa, welches von beiden Päpsten während der Verhandlungen als günstig bezeichnet worden war. Pisa, vom Arno durchströmt, in fruchtbarer Gegend, dem Meere nicht fern, war eine Stadt des römischen Reiches gewesen, bis sie dem Gian Galeazzo Visconti anheimfiel; sein Sohn Gabriel sah sich 1406 veranlaßt, sie den Florentinern zu verkaufen [1]). An sie wandten sich nun die Kardinäle mit der Bitte, Pisa ihnen zu überlassen, damit unter dem Schutze der Republik das Konzil zusammentrete, die Einheit der Kirche neu zu begründen. Aber in dem Streben, es vorzeitig mit niemand zu verderben, gingen die Florentiner auf diese Wünsche nicht sofort ein. Erst am 23. August ward eine Vereinbarung darüber getroffen und am 13. September der Vertrag von beiden Seiten vollzogen.

Sobald die Kardinäle Pisas sicher waren, ließen sie Boten mit den Berufungsschreiben, die vom 24. Juni oder 16. Juli datiert waren, in alle Länder ausgehen [2]), um bei weltlichen und

---

1) Negociations diplomatiques de la France avec la Toscane, publiées par Abel Desjardins, Paris 1859. I. 34 ff.

2) ERLER, Anhang, XVIII eines demnächst erscheinenden Werkes über das Schisma (diese Nummer enthält einen von Herrn Dr. ERLER neu aufgefundenen Epistolarkodex der Kardinäle), pg. XXXIX ff. nach den mir vom Verfasser gütigst überlassenen Druckbogen dieses Anhanges, XVIII.

geistlichen Fürsten, bei Hochschulen und Stadtgemeinden, bei Ritterorden und Mönchen den Besuch der Versammlung zu betreiben.

Dies nie gesehene Schauspiel, daß Kardinäle wider den Papst ein Konzil ansagten, konnte nicht überall Beifall finden. Zwar trat Frankreich entschlossen für eine Politik ein, die ja von den neuen in Paris verkündigten Lehren getragen war; auch König Heinrich von England, der sehr früh die an die Kurie fälligen Gelder zurückzuhalten befohlen hatte [1]), ließ sich, obschon er anfangs geneigt war, Gregors Konzil zu beschicken [2]), durch den Kardinal von Bordeaux ihren Plänen günstig stimmen [3]). Aber Spanien unterstützte die Sonderversammlung zu Perpignan [4]); und König Ladislaus unterdrückte jeden Versuch, das Ausschreiben in seinem Reiche zu verbreiten [5]). Andre Mächte faßten ein gütlich zwischen Papst und Kardinälen vereinbartes, gemeinsames Konzil ins Auge: die Republik Venedig, die wegen ihrer Handelspolitik Genua und den wachsenden französischen Einfluß auf italienischem Boden scheel ansah [6]), wirkte seit Anfang September in diesem Sinne, zunächst im Verein mit Florenz [7]); doch Papst und Kardinäle gaben ausweichende Antworten. Unterstützung fand sie bei König Sigmund von Ungarn. Dieser wünschte ein Generalkonzil [8]), wo im Einverständnis mit den weltlichen Fürsten die Entscheidung darüber, wie es mit der Erfüllung der Eide Gregors stände, getroffen und dann das Weitere angeordnet werden sollte; er war bereit, den Kardinälen oder dem Papste sich anzuschließen, wer gerade sich zu seinem Standpunkte bekannte. Daher ent-

---

1) Dazu forderten die Kardinäle in der Nachschrift ihres Schreibens vom 14. Mai auf. Über jene Befehle s. Rymer, foedera IV. 3. zum 14. Juni und 19. Juli 1408.
2) R. A. VI. 202.
3) Mansi, sacr. conc. coll. XXVII. S. 108 ff.
4) Dietr. de schism. III. 36.
5) Erler, a. a. O. Anhang XVII. pg. LXXIX.
6) Gregor erklärte nur Schiffe der Venetianer benutzen zu wollen; Venedig aber riet von der Reise nach Savona ab. R. A. VI. pg. 208. Anm. 2.
7) R. A. VI. pg. 602. Anm. 1. Mansi XXVII. pg. 153 bis 160.
8) R. A. VI. 324.

bot er nach Empfang beider Konzilsberufungen den Wilhelm de Prata, um die Versöhnung des Papstes und seiner Kardinäle zu betreiben und Gregor zu bestimmen, an seinem angesagten Konzile festzuhalten¹). Auch Karl Malatesta, der Herr von Rimini, gesellte sich dieser Richtung bei.

Wir sehen, die Regierungen der Länder Europas begrüßten keineswegs die Berufung des Pisaner Konzils als die ersehnte Erlösung von schwer empfundenem Unglück. Man erwog, wie natürlich, den Plan der Kardinäle nach politischen Gesichtspunkten und gedachte durchaus nicht, das vielgepriesene Gut der kirchlichen Einheit mit eigenen Nachteilen und Gefahren zu erkaufen. Gerade der Anteil Frankreichs an diesem Unternehmen mußte alle diejenigen, welche von diesem mächtig aufstrebenden Staate Schlimmes befürchteten, zu einer vorsichtigen oder gar ablehnenden Haltung bestimmen.

§ 4. Die Stellung Wenzels und Ruprechts zur Konzilsberufung.

Von besonderer Bedeutung war für die Kardinäle die Teilnahme des römischen Königs; ja sie bedurften um so mehr des Schirmvogtes der Kirche, als sie ja ihres geistlichen Hauptes entbehrten. Denn obgleich die Völker zur selbständigen Entwickelung hindrängten und jener Verein von Großmächten schon in der Bildung begriffen war, dessen oberstes Gesetz das Gleichgewicht ist, damals lebten die Vorstellungen von der allgemeinen Bedeutung des römischen Reiches noch fort²). Der Kaiser hat kraft göttlicher Einsetzung eine Gewalt, die alle irdischen Ge-

---

1) R. A. VI. 325. Das an Sigmund gesandte Ausschreiben der Kardinäle war vom 16. Juli datiert. ERLER, Anhang XVIII. N. 26. Die Überbringer Antonio de Rieti und Franciscus de Pizol gingen von Pisa am 16. September weg. Demnach wird Wilhelm de Prata, der am 23. Oktober in Venedig war, Sigmunds erster Gesandter nach dem Empfange des Ausschreibens der Kardinäle gewesen sein. Eine weitere Einladung an Sigmund vom 8. Sept. s. MANSI XXVII. pg. 168. Auch sonst finden wir ja mehrere Schreiben und Gesandtschaften.

2) z. B. die Kardinäle an Ruprecht (31. Aug. 1408): tanquam singulare in orbe caput. R. A. VI. 311,1. Dietr. de schism. III. 7, 11. Nem. un. VI. 33.

walten übertrifft; er leiht der Kirche Gottes den weltlichen Arm; er hat auch Sorge zu tragen, daß ein einziger, wahrer Papst auf dem Stuhle Petri sitzt. O möchte doch in unsern Tagen, so wünscht Dietrich von Nieheim, solch ein Kaiser, wie Otto der Große, sich erheben, der mit all dem gelehrten Kram aufräumt und durch die That den Unfrieden endet.

Aber es gab keinen allgemein anerkannten römischen König. Der Papst in Rom hatte sich in Wenzels Absetzung gefügt, auch seine Kardinäle, selbst diejenigen, die Wenzel freundlich gesinnt waren, wie Pietro Filargi. Jetzt hatte man sich vom Papste losgesagt, weil man dies nach der Lage der Dinge für geboten erachtete. Wie nahe lag es, auch seine Entscheidung über die römische Thronfrage zu verwerfen, wenn man sich günstige Folgen davon versprach.

Mit Wenzel Unterhandlungen anzuknüpfen gebot schon seine Stellung als König von Böhmen. In Böhmen fluteten die verschiedensten Strömungen durcheinander[1]). Eine starke Partei strebte die Erneuerung der Kirche an Haupt und Gliedern an. Ihr natürlicher Gegner war der Prager Erzbischof, Zbynek von Hasenburg mit seinem Anhang. Sein Einfluß beim Könige wurde zurückgedämmt durch den Patriarchen von Antiochien, Wenzel, des Königs Hausgeistlichen. Andere Räte des Königs waren entschiedene Förderer der anschwellenden deutschfeindlichen Bewegung. Besonders an der Universität in Prag kämpften die Einheimischen gegen die an Zahl überwiegenden Fremden. Nun traf es sich, daß gerade die Deutschen sich der Lehre Wicleffes am offensten widersetzten; das verschärfte den Gegensatz. Der Mann, welcher die Zusammenfassung der kirchlichen Reformgedanken mit den nationalen Leidenschaften vor allen in sich verkörperte, war Johann Hus. Auf dieser Seite mußte ein Angriff auf das Haupt der verweltlichten Kirche Hilfe finden,

---

1) s. Palacky, Geschichte Böhmens III. 1 (Prag 1845), bes. pg. 189—224. Höfler, Ruprecht, Abschnitt 1. § 2 des fünften Buches S. 417 ff. Höfler, Magister Johannes Hus und der Abzug der deutschen Professoren und Studenten aus Prag. Prag 1864. S. 206 ff. — nach bisher teilweise ungedruckten Quellen. Quellenstoff findet sich besonders in Palacky, documenta magistri Ioannis Hus.

aber ebenso entschiedenen Widerstand beim Erzbischof und den Deutschen.

Wir haben oben Wenzels freundschaftliche Beziehungen zu Frankreich und seine Versuche, sein Ansehen im Reiche zu heben und die kirchliche Anerkennung zurückzugewinnen kennen gelernt. Sobald die Aufforderung der Kardinäle an ihn kam, ihre Pläne zu unterstützen [1]), bewies er Neigung, darauf einzugehen und bat seine Verwandten und besonders den König von Polen, mit an der Einigung der Kirche zu arbeiten. Am 19. Juli teilte er dies den Kardinälen mit [2]), indem er zugleich betonte, daß er treu zum römischen Papste gehalten habe, obgleich ihm schwere Kränkung durch ihn zugefügt worden sei. Durch eine Gesandtschaft ließ er ihnen darlegen [3]), wie er die Gewalt eines römischen Königs durch die verbrecherische Absetzung der rheinischen Kurfürsten keineswegs eingebüßt habe, wie es sein Wille sei, obschon er fordern dürfe, daß die Reichseinigung zuerst in Angriff genommen und die ihm angethane Beleidigung gesühnt werde, dennoch der Einheit der Kirche den Vorzug zu geben. Er fordert sie auf, bei ihm als dem rechtmäßigen Schirmherrn der Kirche Hilfe zu suchen und sagt Beistand zu, deutet auch seine Absicht an, die Kaiserkrone zu erwerben. Dies zeigt schon deutlich die Richtung, in der sich Wenzels Kirchenpolitik bewegt.

Als nun Hieronymus von Seidenberg [4]), ein juristischer Beamter an der Kurie, mit dem Berufungsschreiben [5]) im könig-

---

1) Wir erfahren R. A. VI. 310, daſs der Bischof Nikolaus von Nazareth ein Schreiben überbrachte, wahrscheinlich im Auftrage jener neun nach Pisa entwichenen Kardinäle, darunter Angelo card. Ostiensis († 6. Juni 1408); denn diesen gilt die Antwort. cf. MANSI XXVII, 33. Demnach wird der Inhalt seiner Sendung dem Schreiben vom 14. Mai entsprochen haben (s. MANSI XXVII, 29—33), obschon die Wendung, die der König ut vobis assistere vellemus et praestare consilium et iuvamen wiedergiebt, sich nicht dort findet.
2) R. A. VI. 310.
3) R. A. VI. 311. Zur Datierung vgl. WEIZSÄCKER, pg. 341,34 ff.
4) Er ging von Pisa am 15. Sept. weg. ERLER, a. a. O. Anhang XVIII. N. 21.
5) „in der Form an Könige" ERLER, a. a. O.; d. h. in der Form wie an König Martin von Sicilien N. 15, datiert vom 16. Juli. So wird das Schreiben an Heinrich von England bezeichnet, N. 18;

lichen Hoflager [1]) erschien, da versammelte er aus Schlesien und Böhmen seine fürstlichen Verwandten und die Prälaten. Man beschloß das Pisaner Konzil zu beschicken; aber die Bedingung wurde gestellt, daß die Kardinäle eine Erklärung darüber abgeben sollten, Wenzels Gesandte als die des wahren römischen Königs behandeln zu wollen, wie ihnen in einem Schreiben aus Breslau vom 26. November [2]), welches Johannes Kardinalis von Reinstain [3]) zu überbringen hatte, eröffnet ward. Das war eine klare, einfache Forderung, das Zeugnis einer zielbewußten Politik.

Es war kein Zweifel, daß die Kardinäle sie bewilligen würden. Die französischen waren überhaupt an Ruprechts Anerkennung nicht beteiligt; die Haltung, die er sich gab, erweckte wenig Hoffnung auf seine Gunst; Wenzel hingegen näherte sich ihnen, noch ehe ihre Pläne zur Reife gediehen waren. So nahmen sie, wie ihnen die eine Linie der Päpste als die zuerst gewählte, die andre als die zweite galt [4]), auch die Thatsache, daß zwei römische Könige gewählt waren, als solche hin [5]). Diese staatsrechtlich unhaltbare Anschauung bot die günstige Möglichkeit, scheinbar den Ansprüchen beider gerecht zu werden, ja vielleicht auch hier das entscheidende Wort zu sprechen.

Ruprecht [6]) hatte auch nach dem völligen durch die Vorgänge des Frühjahrs 1408 veranlaßten Umschwung seine Politik,

---

ausdrücklich dann das an Sigmund von Ungarn N. 26, weil das an Ruprecht in abweichender Fassung N. 22 dazwischen steht.

1) Wenzel befand sich vom September bis Dezember 1408 in der Lausitz, dann in Schlesien. PELZEL, Wenzel II. S. 537—541. PALACKY, Gesch. Böhmens III. 1. 227 f.
2) R. A. VI. 312.
3) Er befand sich noch im Februar in Italien. PALACKY, doc. mag. Joh. Hus. Prag 1869. Pars IV. 16. pg. 363.
4) So FRONZOLA, R. A. VI. 269. concl. 3. pg. 424,39 ff.
5) Wir finden die Bezeichnung primo und secundo electus zuerst bei ERLER, a. a. O. N. 21 u. 22, später regelmäßig aufser in den an einen von beiden gerichteten Schreiben.
6) Über Ruprechts Stellung zur Kirchenfrage vgl. HÄBERLIN, a. a. O. S. 503 ff. HÄUSSER, I. S. 251. HÖFLER, Ruprecht. S. 407 ff. HEFELE, VI. S. 791 ff. SUGENHEIM, Gesch. d. deutschen Volkes und seiner Kultur III. Leipzig 1867. S. 509 ff. SAUERLAND in Sybels hist. Zeitschrift 57. Band (1887) pg. 276 ff.

sich nicht einzumischen, weiter beobachtet. Schon am Tage nach der Flucht, am 12. Mai, machten die Kardinäle ihm Mitteilung von ihrem Abfall [1]). Auch hier erhoben sie wahrscheinlich die Beschuldigung gegen Gregor, durch Ausflüchte die Kircheneinigung hintertrieben und Gewaltmaßregeln gegen sie geplant zu haben und fügten dem ihren Wunsch und ihre Hoffnung bei, mit Gottes Hilfe die Einheit der Kirche herzustellen, wie es in dem Schreiben vom 14. andern Fürsten gegenüber geschah [2]). Aber sie verwahrten sich doch ausdrücklich dagegen, dem Papste den Gehorsam entziehen zu wollen, wofern er nur bereit wäre, sein Gelöbnis zu verwirklichen. Gerade die milde Beleuchtung, in der hier die That erschien, ließ Ruprecht die rechte Bedeutung ihres Schrittes nicht sogleich erkennen.

Berichte Gregors an den König mit Entschuldigungen voll der heftigsten Beschwerden über die Kardinäle blieben nicht aus [3]). Er suchte ja, wie wir in dem Erlasse an alle Christen vom 21. Mai [4]) lesen, seine Vorsicht mit dem Hinweis auf das Gewebe von Hinterlist, Betrug und Verschwörung, an dem seine Gegner gesponnen, zu rechtfertigen, er wies in seiner ausführlichen Darstellung [5]) jener Maiereignisse die Anklagen der Kardinäle als schnöde Verleumdung zurück. Und Ruprecht glaubte dem Wort des Papstes mehr, als den Kardinälen, die sich gegen ihn und die überlieferte kirchliche Ordnung auflehnten.

Die Verbindung zwischen Heidelberg und Pisa war keine lebhafte [6]). Später beklagte sich Ruprecht, daß die römischen

---

1) R. A. VI. pg. 498,2 u. 20, pg. 505,17, vgl. pg. 466,38; pg. 399,21ᵇ ff. Anm. 2.

2) Mansi XXVII. 29 ff. = Dietr. Nem. un. VI. 11 (ohne Nachschrift) s. R. A. VI. pg. 399. Anm. 2.

3) R. A. VI. 280,1.

4) Rainald, ann. eccl. 1408,5 u. 6 = Dietr. nem. un. VI. 23.

5) Mansi XXVII. pg. 36—43.

6) Gleichzeitige Nachrichten besitzen wir nicht darüber. Doch läfst sich die Lücke aus den Darlegungen der Ruprecht'schen Gesandtschaft in Pisa (R. A. VI. 296 u. 297) und den Postillen (268) fast vollständig, wie ich glaube, ergänzen. Wir erfahren (268, Glosse 117) von einem Schreiben vom 13. Juni, magnis personis directis, welches wahrscheinlich auch an den König gerichtet und in den offiziellen Kundgebungen nur wegen seiner geringen Bedeutung weggelassen war. Eine Abschrift der Einigungsurkunde

Kardinäle nie seinen Rat eingeholt oder sich überhaupt um ihn gekümmert hätten, während ihre französischen Genossen nichts unternahmen, ohne sich der Zustimmung des Königs von Frankreich zu vergewissern; aber er selbst wagte mit der ihm anhaftenden Schwerfälligkeit keinen Versuch, der Bewegung eine ihm erwünschte Richtung zu geben. Die Kardinäle unterrichteten ihn anfangs zwar rasch von dem Geschehenen, doch vermieden sie eine deutliche Erklärung über ihre Endabsichten. Es mag der Wunsch bestanden haben, dem deutschen Könige mit einer vollendeten Thatsache entgegenzutreten.

Als nun Anfang August [1]) die Konzilsberufung Gregors in Deutschland bekannt wurde, mußte Ruprecht darin ein Zeugnis erblicken, daß der Papst nicht gewillt sei, seine Würde widerrechtlich zu behaupten. Ja er durfte in dem Entschlusse des Papstes, den Kirchenstreit durch den Spruch einer allgemeinen Kirchenversammlung zu beendigen, eine Rückkehr zu der von ihm empfohlenen Politik, einen Sieg seiner Gedanken über die französischen Erfindungen erblicken. Als aber nach einiger Zeit auch Mitteilungen [2]) der Kardinäle (vom 26. Juli) über ihre Absicht, die Kirche zu versammeln, an ihn gelangten, da stellte sich ihm ihre Berufung nicht als ein letztes Mittel zur Herstellung der kirchlichen Einheit dar, nachdem die Unfähigkeit der Päpste klar erwiesen war, sondern als Anmaßung eines fremden Rechtes, dessen Inhaber rechtzeitig davon Gebrauch gemacht hatte.

In diesem Schreiben war eine Anzeige über die Einbe-

---

vom 29. Juni hat (Glosse 93) ein Gesandter an den Rhein gebracht. Die Worte in der Appellation pg. 509,9 f.: verisimile est, quod illum vel alium nuncium cicius destinassent, si de loco et tempore die 24. junii concordassent und die Art, wie noch am 26. Juli von der Absicht, ein Konzil zu berufen, geredet wird, machen es wahrscheinlich, daſs dieser Gesandte nicht Anfang Juli nach Deutschland gekommen ist, vielmehr der Überbringer des Ausschreibens ist. Daſs Ruprecht seinerseits keinen lebhaften Verkehr eröffnet und insbesondere keine Gesandtschaft geschickt hat, läſst sich aus dem Einladungsschreiben der Kardinäle bei ERLER, Anh. XVIII. N. 23 ersehen.

1) R. A. VI. 296. Art. 11 (301, pg. 561,15 f. post medium octobris), vgl. mit Art. 12 (auch pg. 418,24, 509,16).
2) R. A. VI. pg. 499,30 ff. = pg. 508,26 ff., s. 268, Glosse 149.

rufung des Konzils und eine Gesandtschaft[1]) in Aussicht gestellt, sobald eine Bestimmung über Zeit[2]) und Ort getroffen sei. Doch erst im Oktober[3]) erhielt der König davon Kenntnis; denn der Abt Johannes des Benediktinerklosters der heiligen Justina zu Padua[4]), welcher den Auftrag hatte, die Berufungsschreiben in Oberdeutschland und den Rheinlanden zu verbreiten und zuerst dem Könige Ruprecht auszuhändigen, brach von Pisa am 20. September auf[5]).

Das Schreiben, welches er dem Könige übergab, war vom 24. Juni datiert[6]), wie an die Geistlichen[7]) und Fürsten zweiten Ranges[8]), nicht an die andern Könige[9]). Fürchtete man, daß Ruprecht sich an Gregors Konzil halten könnte, und suchte dem entgegenzuwirken, indem man den Schein des Vorrangs in der Zeit erweckte und Gregors Maßregeln verdächtigte[10])? Auch

---

1) Dafs die später erfolgten Gesandtschaften damals schon im Werke waren, zeigt Dietr. nem. un. VI. 43, wo der Kardinal von Bordeaux, den die Kardinäle als ihren Gesandten an König Heinrich von England schon am 24. Juni ankündigten (Concilia magnae Britanniae, III. pg. 290), Dietrich mitteilt (20. Juli), er werde bald nach England gehen. Vgl. ERLER, Anh. XVIII. N. 19 (27. Juli).

2) Der Tag (25. März 1409) war damals wirklich schon bestimmt: Dietr. nem. un. VI. 45.

3) Postillen, R. A. VI. 268. Glosse 149, pg. 419: scripserunt bene in aliquibus litteris, tamen diu post publicacionem domini Gregorii se deliberasse convocare concilium, sed non scripserunt, ubi, quomodo vel quando, donec supervenit abbas nuncius eorum.

4) Der Abt war als Zeuge gegenwärtig beim Beitritt der vier Kardinäle zur Übereinkunft vom 29. Juni (30. Aug.). MANSI XXVII. pg. 164.

5) ERLER, a. a. O. XVIII. 22.

6) Ebenda XVIII. 32.

7) R. A. VI. 267.

8) s. die Quellenangaben bei WEIZSÄCKER, R. A. VI. pg. 377.

9) vom 16. Juli, s. Diss. S. 20. Anm. 5.

10) Man könnte auch daran denken, dafs dies Schreiben im Entwurf wirklich eher angefertigt sei, als jenes an die andern Könige, wie ja Ruprecht am 12. Mai zuerst benachrichtigt wurde. Da aber das Einladungsschreiben an den Papst vom 16. Juli, sowie das allgemeine Ausschreiben darin erwähnt wird, so ist dies sehr unwahrscheinlich. Jedenfalls sind die Schreiben alle zurückdatiert. Auch die Antwort auf Ruprechts dubia spricht nur davon, dafs in jener Zeit die Konzilsberufung geplant war, nicht von schriftlichen Entwürfen. R. A. VI. 298. Art. 9.

der Gedankengang des Schriftstücks schließt sich jenem an die Prälaten gerichteten an; nur ist alles kurz in den Hauptpunkten gefaßt; die Nachschrift stimmt fast wörtlich überein. Merkwürdigerweise ist weder Pisa namhaft gemacht, noch der für den Zusammentritt anberaumte Termin angegeben [1]. Den Schluß bildet die Aufforderung [2], als Schirmvogt der bedrängten Kirche zu Hilfe zu eilen und den Glauben zu verteidigen, nach dem Beispiel seiner Vorfahren auf dem römischen Kaiserstuhl. Eingeschlossen waren die Einladungsschreiben an die Prälaten und an den Papst selbst, sowie ein zweites an Ruprecht vom 31. August hinzugefügt [3]. Darin wiederholen sie ihre Beschuldigung gegen Gregor und ihre Vereinigung mit den Gegenkardinälen zur Berufung eines Konzils, wo die Einheit ordentlich hergestellt werden soll nach den heiligen Gesetzen und der bei solchen Anlässen beobachteten Gewohnheit der Kirche; sie erinnern kurz daran, daß diese Angelegenheit seiner kaiserlichen Würde den größten Glanz verleihen werde. Von Anerbietungen findet sich außer dieser Redensart nichts. Noch verweisen sie auf den mündlichen Bericht ihrer Gesandten, die über die Verzögerung aufklären sollen.

Wirklich gab der Abt Aufschlüsse darüber, daß zwei Monate lang Erörterungen angestellt worden wären, wo die Versammlung tagen solle [4]. Auch war wohl er es oder sein Begleiter Baldewin de Dyck [5], der zugab, die kurze Frist bis zum Zusammen-

---

1) Sie sprechen nur davon, dafs jedes Kollegium seine Prälaten berufe in uno die et loco ad imponendum finem schismati ... und weiter unten an der Stelle, wo im allgemeinen Ausschreiben Tag und Ort genannt wird, steht pg. LXVII: nuncios .... dignemini ad locum et diem prefatos, ut nobis consilium et auxilium salutare parte vestra tribuant ....

2) pg. LXVI. Sed ultra haec excellentia vestra, singulari ac peculiari quodam iure tanquam advocatus et defensor ecclesiae eidem in suis necessitatibus subvenire tenetur et fidem defensare pre ceteris obligatur vestrique predecessores Romanorum reges et imperatores secundum scripturas autenticas plurimum contulisse et magnalia egisse in removendo schismata et in subveniendo ecclesiae lacessitae leguntur.

3) Erler, a. a. O. N. 24.

4) R. A. VI. 268. Glosse 149. pg. 418,4 f.

5) Beglaubigt am Schlusse des Schreibens vom 31. August; vgl. Erler, a. a. O. XVIII. 25.

tritt[1]) und die Wahl des Ortes[2]) seien Zugeständnisse an die Franzosen. Ob auch die Bestätigung[3]) der Vorgänge beim französischen Anschlag auf Rom und die Eröffnung[4]), daß der König von Frankreich die Kardinäle mit Geldmitteln unterstütze, ihnen zuzuschreiben ist, läßt sich nicht entscheiden. Ruprecht nahm keinen Anstand, die übergebenen Schreiben anzunehmen[5]) und hinderte ihre Verbreitung nicht. So trug der Abt seine Briefe an die Erzbischöfe von Köln, Mainz und Trier, an die Bischöfe und Äbte ihrer Provinzen, an Herzöge, Grafen und Städte und ermahnte nach ihrem Inhalt zu verfahren[6]).

Ruprecht hatte sich schon auf einem Tage zu Bacharach[7]), wahrscheinlich Ende Juli[8]), mit den rheinischen Kurfürsten über die Vorgänge an der Kurie besprochen; diese standen ihm örtlich und politisch am nächsten und waren auch an dieser kirchlichen Angelegenheit am meisten beteiligt. Unmittelbar nachdem die Konzilsberufung bekannt geworden war, vereinigte er fränkische und bayrische, auch schwäbische Fürsten zu einer Beratung in der alten Reichsstadt Nürnberg[9]). Ruprecht traf dort am 21. Oktober ein[10]), in seinem Gefolge sein Hofmeister Graf Friedrich zu Oettingen, sein Kanzler der Bischof Rhaban von Speier, der Protonotar Johannes Kirchheim. Der Erzbischof von Riga, den wir später auf der kirchlichen Partei des Königs finden[11]), die Bischöfe von Bamberg, Würzburg, Eichstädt, Regensburg, Augsburg, Konstanz und Paderborn[12]),

1) R. A. VI. 268. Glosse 137. pg. 414,39 ff.
2) Glosse 138.
3) Glosse 27.
4) Glosse 90.
5) Erler, XVIII. 33 (pg. LXXIX).
6) Erler, XVIII. 24.
7) R. A. VI. 280,3.
8) vgl. R. A. VI. pg. 263.
9) R. A. VI. 280,3
10) R. A. VI. 232. 234. 235. Am 16. war er noch in Heidelberg. Chmel, Regesta N. 2649.
11) Schon auf dem Nürnberger Tage im April 1407 war er anwesend. R. A. VI. 134 u. 136.
12) pg. 311,1 dem Bischof von Pűrn ist wohl aus Paderburn verschrieben; sonst wüßte ich keinen, der gemeint sein könnte.

die Äbte von Fulda, Ellwangen, Lankberg, Heilbronn, Münchberg, Herzog Stephan von Bayern-Ingolstadt, Räte Herzog Ludwigs, seines Sohnes, Markgraf Wilhelm von Meißen, Graf Eberhard von Württemberg, die beiden Burggrafen von Nürnberg und andre Grafen mehr, auch ein römischer Legat waren zugegen [1]).

Des Königs Sorge, den für Franken errichteten Landfrieden zu schützen, fand die volle Unterstützung der anwesenden Fürsten und am 29. erklärten auch die Städteboten ihre Zustimmung [2]). Ruprecht ließ auch über die Angelegenheiten der Kirche Vortrag halten und in seiner Darstellung das hervorheben, was einer Anmerkung bedürftig erschien [3]). Das Konzilsausschreiben der Kardinäle wurde ohne Zweifel besprochen und vielleicht manchem hier erst bekannt. Eine durchgreifende Maßregel wurde aber nicht vorgenommen; man zog in Erwägung [4]), daß ein großer Teil der Fürsten abwesend sei, insbesondere die drei geistlichen Kurfürsten. So wurde verabredet, auf einem allgemeinen Tage zu Frankfurt am 13. Januar 1409 die Haltung Deutschlands zu beraten [5]). Anfang November [6]) kehrte der König nach Heidelberg zurück und erließ jedenfalls bald das Ausschreiben für den neuen Tag [7]).

---

1) R. A. VI. 236, vgl. 234. Art. 3—5.
2) R. A. VI. 234. Es scheint, dafs die Städte nicht mit zu den Beratungen über die Kirchenfrage zugezogen worden sind.
3) R. A. VI. 280,3.
4) R. A. VI. 232. Es ist kein Anlafs zu zweifeln, dafs dies geltend gemacht worden ist, wennschon der Grund tiefer in der Gleichgiltigkeit oder Unentschiedenheit der Fürsten gesucht werden darf. Jede andre Nachricht fehlt.
5) R. A. VI. 232, vgl. R. A. VI. 280,3.
6) Am 31. Oktober urkundet Ruprecht noch in Nürnberg, CHMEL, Reg. N. 2681, am 10. Nov. ohne Ort, N. 2683; um 11. in Heidelberg N. 2684.
7) Es ist nicht erhalten; erwähnt wird es HANSIZ, Germania sacra I. de episcopatu Pataviensi, pg. 490: cum a rege Romanorum Ruperto ad Comitia Imperii proximo habenda invitatus esset... angeführt aus einem Schreiben Georgs von Passau an die Wiener Universität.

§ 5. Die Postillen.

Auch der Heidelberger Hochschule war durch die Abgesandten der Kardinäle eine Einladung [1]) überbracht worden. Diese junge Pflegstätte der Wissenschaft zeigte sich, obgleich viele Männer hier sich eingefunden hatten, welche in Prag und Paris mit den Reformgedanken bekannt geworden waren, dennoch den in jener Zeit so reichlich emporstrudelnden Neuerungen abhold [2]). Streng hütete man die überlieferte Kirchenlehre und den Nominalismus, der seit dem vierzehnten Jahrhundert das Denken beherrschte.

Die Stellung, welche sie zum Konzilsprojekt der Kardinäle einnahm, mußte von Vorbedeutung für die Haltung des Königs werden; denn viele, die in seinem Rat etwas galten [3]), der greise Wormser Bischof Matthäus, Ruprechts Beichtvater, der Bischof Rhaban von Speier, sein Kanzler [4]), und die meisten Beamten der königlichen Kanzlei [5]), die Rechtsgelehrten Nikolaus Burgmann [6]) und Johannes de Noyt, die Theologen Nikolaus Jauer und Konrad Koler waren Glieder oder Schüler der Universität, an deren Gründung Ruprecht selbst Anteil genommen und deren Gedeihen er eifrig gepflegt hatte [7]).

Da erschienen noch vor Weihnachten 1408 aus dem Kreise dieser Heidelberger Theologen und Staatsmänner, die dem König nahe standen, die Postillen [8]). Das allgemeine Ausschreiben

---

1) EBLER, Anh. XVIII. N. 25, gleichlautend mit dem an die Universitäten Erfurt (XVIII. 13), Wien u. s. w. MANSI XXVII. p. 152.

2) HAUTZ, Geschichte der Universität Heidelberg. I. 219, 231 ff., bes. 232 Anm. 16, 241 f.

3) HAUTZ, I. 234. Genaueres lehrt ein Vergleich von TOEPKE, Matrikel der Universität Heidelberg (Heidelberg 1886) I. und WINKELMANN, Urkundenbuch der Universität Heidelberg (Heidelberg 1886) mit den deutschen Reichstagsakten.

4) TOEPKE, Matrikel I. pg. 13, intituliert unter dem ersten Rektor.

5) LINDNER, Das Urkundenwesen Karls IV. und seiner Nachfolger. S. 32.

6) s. Diss. S. 100. Anm. 1.

7) WINKELMANN, Urkundenbuch. II. N. 109, 112, 115, 116, 128, 130, 145, 146, 147.

8) R. A. VI. 268; über den Verfasser s. WEIZSÄCKER R. A. VI.

war ausgewählt, um zu den einzelnen Worten Randbemerkungen zu machen, welche den wahren Sachverhalt oder die politischen Folgen enthüllen und vor dem rechtswidrigen Treiben der Kardinäle warnen sollten. Seinen Namen verschwieg der Verfasser; auch vermied er den Anschein, als schriebe er im Auftrag des Königs [1]).

Einen tiefen Einblick gewähren uns die Postillen in die Art, wie man in jenen Kreisen [2]) sich zu der schwebenden

pg. 323 und besonders die Anmerkungen zu den offiziellen Kundgebungen Ruprechts. Ich habe dem noch den Beweis hinzuzufügen, dafs dem Verfasser Aktenstücke aus der Kanzlei König Ruprechts zur Verfügung gestanden haben müssen, die Schreiben der Kardinäle vom 12. Mai, 13. Juni, 26. Juli, 1. Sept. 1408. Auch ist er sehr gut unterrichtet darüber, was die Gesandten der Kardinäle dem Könige berichtet haben. WEIZSÄCKER stellt nun über die Person zwei Vermutungen auf: Nikolaus Burgmann und Konrad von Soest. Die erstere gewifs unglücklich: zwar ist auch Burgmann schriftstellerisch thätig gewesen — er schrieb ein geschichtliches Werk (OEFELE, Rer. Boicarum script. I. pg. 598): imperatorum et regum Romanorum historiae a Carolo Magno usque ad Carolum IV, dazu ein Anhang (von wem?) mit verhältnismäfsig guten Nachrichten auch über Ruprechts Stellung zum Pisaner Konzil — aber Bensheim trennt in seinem Schreiben R. A. VI. 369 deutlich den Verfasser der dubia und der Postillen, den er ohne Unterschied garrulator und cavillator nennt, von Burgmann, an den er sein Schreiben richtet. Er hetzt diesen gerade gegen die Ratgeber Ruprechts auf. Mit gröfserem Rechte darf man an Konrad Koler denken. Allerdings wird gerade in den Streitschriften über die Konzilsfrage sehr viel aus- und abgeschrieben; man vergleiche nur Fronzola und Ancharano, die Replik und die Postillen, R. A. VI. 370 wieder mit der Replik u. s. w. Gerade deshalb wird man den Verfasser nicht so leicht ausmachen können. Doch scheint schon Bensheim Koler für den Verfasser zu halten (pg. 323 Anm. 1; s. pg. 679,34 Anm. 5 und pg. 679,12 u. 23 Anm. 3 u. 4). Auch das spricht sehr für die Verfasserschaft Konrads, dafs er jetzt plötzlich im politischen Leben auftritt und eine so bedeutende Rolle spielt, während er früher dem Könige keine politischen oder höheren diplomatischen Dienste geleistet hatte. Gerade durch die Postillen wird er sich diesen Platz errungen haben. Mehr läfst lsich nach den Quellen, die uns heute zu Gebote stehen, nicht sagen.

1) Z. B. nennt er die dem Könige zugegangenen Schreiben itterae magnis personis directae.
2) Wenn wir die Postillen der folgenden Darstellung zu Grunde

Frage stellte, überhaupt zu jener geistigen Neuschöpfung, aus der die ganze Bewegung emporgewachsen war. Von der Notwendigkeit einer kirchlichen Reform war man auch hier überzeugt; aber man sah den Grund des Übels in der sittlichen Verderbnis der Geistlichen, in der heillosen Pfründenwirtschaft, an der gerade die Kardinäle beteiligt waren [1]), nicht in der kirchlichen Verfassung. Dem Papste muß man sich unbedingt unterwerfen [2]), auch einem schlechten [3]); er ist die Quelle aller kirchlichen Gewalt.

Und Gregor ist der wahre Papst [4]); die Möglichkeit, daß auch in den Ansprüchen Benedikts ein Körnchen Wahrheit sein könne, ward gar nicht erst in Betracht gezogen. Jene Forderung, die Thatsachen einfach hinzunehmen und dem dringenden Bedürfnis zuliebe den Rechtsboden zu verlassen, fand keine Beachtung: denn nur Gott kann über den wahren Nutzen entscheiden [5]).

Daher darf man Gregor den Gehorsam nicht weigern; denn man darf nichts Böses thun, um etwas Gutes zu erreichen [6]). Die Obedienzentziehung der Kardinäle ohne jede ordnungsmäßige Feierlichkeit ist hinfällig [7]); sie ist überhaupt erschlichen, denn die Erklärung der Kardinäle vom 1. Juli, schon am 11. Mai dem Papst den Gehorsam entzogen zu haben, ist eine Unwahrheit, da sie ihm nachweislich noch am 12. und 13. den Ge-

---

legen, so wollen wir damit nicht die ganze gelehrte Körperschaft der Heidelberger Universität für jeden darin ausgesprochenen Gedanken verantwortlich machen, oder gar König Ruprecht selbst. Wir sind aber berechtigt anzunehmen, dafs die mafsgebenden Persönlichkeiten in des Königs Umgebung die hier niedergelegte Ansicht wenigstens in ihren Grundzügen teilten, z. B. die späteren Gesandten, die R. A. VI. 295 benannten Zeugen, Nikolaus Burgmann und Jakob Hambach; R. A. VI. 370. Glosse 1. Darum dürfen wir schon verallgemeinern und von der Anschauung der Heidelberger Theologen und Staatsmänner reden.
1) Glosse 134.
2) Glossen 71, 80.
3) Gl. 140.
4) Gl. 65, 68, 104, 100.
5) Gl. 14.
6) Gl. 141.
7) Gl. 60, 61.

horsam bezeigt haben [1]). Auch die für diese Maßregel beigebrachten Gründe sind nicht stichhaltig: von einer Ketzerei Gregors ist nicht zu sprechen, er ist an der Kirchenspaltung völlig schuldlos [2]); von einem Meineide und seiner Bestrafung ebensowenig: wegen seiner Gelübde, die Kirche zu einen, hat sich der Papst vor Gott zu verantworten [3]); einem Menschen steht über ihn kein Urteil zu, einer Versammlung der Bischöfe so wenig wie den Kardinälen [4]).

Wollte man den Kardinälen die Entscheidung darüber, was der Kirche nützlich und notwendig sei, überlassen, dann hätten sie jeden Tag darüber zu entscheiden, dann wären sie die Stellvertreter Christi, nicht mehr der Papst [5]). Vielmehr sind auch ihre Würden zu beanstanden, sobald man am Rechte Gregors zweifelt [6]). Auf keinen Fall ist die Einigung der beiden Kollegien zulässig: dadurch ist das Recht, Kardinäle zu ernennen, angemaßt worden [7]). Darum ist eine von dem vereinigten Kollegium vollzogene Neuwahl rechtsunkräftig [8]).

Eine allgemeine Kirchenversammlung hielt man in Heidelberg für befugt und geeignet zur Entscheidung, insbesondere für eine Untersuchung gegen den Papst im Falle der Ketzerei oder eines ähnlichen Verbrechens [9]). Das hatte ja schon Konrad von Gelnhausen in seinem Traktat [10]) an den König von Frankreich dem Heinrich von Langenstein nachgesagt [11]). Freilich ward in jenen früheren Streitschriften der praktische Gesichts-

---

1) Gl. 60.
2) Gl. 75.
3) pg. 404,17 f., 406,1 ff.
4) Gl. 76, 88, 85 (pg. 407,39 ff.) s. Gl. 23.
5) Gl. 85.
6) Gl. 65, 99, 100, 127.
7) Gl. 117.
8) Gl. 132.
9) Gl. 74, 110, 111.
10) Mart. et Dur. thes. nov. II. 1200—1224. Er war Dompropst von Worms, als solcher Kanzler der Heidelberger Universität (WINKELMANN, Urkb. II. N. 38, 48, 50).
11) Wichtige neue Gedanken bringt Konrad nicht bei; in den Hauptstellen lehnt er sich geradezu wörtlich an seinen Vorgänger an.

punkt, wer denn das Konzil einberufen solle, kaum erörtert¹).
Das war jetzt gerade die brennende Frage geworden. Die
Franzosen, die sich der Bewegung bemächtigten, sprachen dies
Recht den Kardinälen zu; andre, vor allem der Westfale Dietrich von Nieheim²), dem römischen Könige³). Zabarella endlich räumte dem Kaiser das Recht dann ein, wenn auch die
Kardinäle sich nicht dazu verstehen wollten⁴).
Die Theologen an Ruprechts Hofe gaben die Möglichkeit,
ohne den Papst ein Konzil zu berufen, zu, obschon sie ihm sein
Recht gewahrt wissen wollten, so lange es anging. Sonst nahmen sie es für den römischen König in Anspruch⁵). Das war
der Kern der ganzen Frage: hier galt es, das von den Kardinälen angemaßte Recht in ausführlicher Darlegung mit allen
Mitteln der Kirchengesetzgebung und geschichtlicher Beispiele
zu widerlegen, die Ansprüche des römischen Königs, welcher
Natur sie auch sein mochten, klar und scharf zu umreißen.
Statt dessen wird die Datierung vom 24. Juni⁶) unter Zugrundelegung der in Heidelberg zu Gebote stehenden Aktenstücke (sogar mit Rücksicht auf die im Ausschreiben verwendete Tinte)
als böswillige Fälschung nachgewiesen und auf die frühere
Bekanntmachung der Konzilsbulle Gregors ein übermäßiger Wert
gelegt, während doch nicht einmal eine gehörige Bezeichnung
des Ortes darin enthalten war. Ein mattes Streiflicht fällt
darauf, daß Gregors Feinde in Pisa sich anschicken, über ihn
zu Gericht zu sitzen⁷). Was man aber, von geringfügigen
Äußerlichkeiten abgesehen, an der Konzilsberufung der Kardinäle vorzüglich auszusetzen hat, ist das bestimmt vorgezeichnete
Programm, welches die Beschlüsse der Versammlung vorweg-

---

1) Nur kurz deutet Heinrich (HARDT, Magnum Concilium
Constantiense II. 1. pg. 44) an, dafs per coetum cardinalium congregari potest. Genau so KONRAD, a. a. O. pg. 1224.
2) Dietr. de schism. II. 7. [9—11].
3) Auch der Italiener PETRUS DE ANCHARANO in seiner Abhandlung vom April 1405. R. A. VI. pg. 521,45ᵃ ff.
4) de schismatibus authoritate Imperatoris tollendis, bei SCHARD,
de iurisd. auct. et praeem. Imp. pg. 680 ff.
5) Gl. 110, 119.
6) Gl. 149.
7) Gl. 99, 120.

nimmt und ihr Selbstbestimmungsrecht beschränkt[1]): man will dem heiligen Geiste Vorschriften machen! Darin gipfelt die ganze Erörterung: alles ist abgekartetes Spiel, um die verhaßten französischen Erfindungen auf eine anständige Weise zu verwirklichen.

Gerade auf die Betrachtung der politischen Vorgänge, besonders jener hinter der Szene, wird in den Postillen das Hauptaugenmerk gelenkt. Freilich auf eine unbefangene Beurteilung hat es der Verfasser nicht abgesehen: einseitig hält er sich an die Angaben der päpstlichen Schreiben. Überall zeigt sich das Bestreben, Gregors Schuld an der Fortdauer der Spaltung zu ermäßigen. Sein Gelöbnis der Abdankung war nur ein bedingtes[2]): die Bedingung ist nicht erfüllt worden. Vorsichtige Zurückhaltung war für Gregor geboten, weil Benedikt durch seinen Reichtum und die Beherrschung des Meeres ihm überlegen war[3]), weil die Gegner Böses gegen ihn im Schilde führten, wie der Anschlag auf Rom (April 1408) beweist[4]). Schon in Rom und Siena wurde die freventliche Verschwörung der Kardinäle gegen ihr Haupt durch die Franzosen angezettelt[5]); jene Gebote vom 4. Mai waren nur eine Zwangsmaßregel, ihren geheimen Umtrieben zu steuern[6]). Was über die Grausamkeit und die schlimmen Absichten des Papstes oder über seine ausgesprochene Weigerung, den gelobten Weg der freiwilligen Abdankung einzuhalten, verbreitet worden ist, ist eitel Verleumdung[7]): Gregor hat das alles ja abgeleugnet. Übrigens war er auch befugt, neue Kardinäle zu ernennen: denn die festgesetzte Frist von fünfzehn Monaten war verflossen[8]).

Was dann weiter in Pisa und Livorno erfolgte, war alles das Werk der Franzosen; höchstens die Florentiner, die Erz-

---

1) Gl. 123, 125, 126, 128, 130, 131, 146, 147.
2) Gl. 10.
3) Gl. 20, 21.
4) Gl. 26, 27, vgl. R. A. VI. 266. Art. 7. RAYNALD, ann. eccl. 1408. § 5.
5) Gl. 38, vgl. R. A. VI. 266,6. RAYNALD, ann. eccl. 1408. § 10.
6) Gl. 36 u. 37 = RAYNALD 1408. §§ 12 ff. Gl. 41.
7) Gl. 55 u. 56.
8) Gl. 47.

guelfen¹), die der König von Frankreich wegen ihrer Geldgeschäfte in seiner Hand hat, waren noch im Spiele. Den französischen Kardinälen waren die römischen stets zu Willen, auf genuesischem, also französischem Boden wurde die Einigung der Kollegien vollzogen²), französische Gesandte waren dabei zugegen³), auf Wunsch der Franzosen wurde Pisa erwählt⁴), durch den kurzen Termin sollten die Deutschen möglichst ausgeschlossen werden⁵): ehe sie sichs überlegen, sind die französischen Pläne durchgesetzt. Die Erhebung eines Franzosen auf den päpstlichen Stuhl⁶) (man nannte den Sohn des Herzogs Robert von Bar, den Kardinal Ludwig von St. Agatha)⁷), vielleicht nur das Vorspiel für die Rückkehr der Kurie nach dem schönen Südfrankreich, das war das Gespenst, welches in Heidelberg schreckte. Man fürchtete⁸), die Franzosen würden sich durch das Pisaner Konzil wieder der Kirche bemächtigen und ihre Gelüste, auf Kosten Fremder sich zu bereichern, besser befriedigen können zum Schaden und zur Schande des römischen Reiches.

Schon die Form dieser Schrift, das Bestreben, möglichst vielen Worten des angegriffenen Schreibens etwas anzuhängen, bringt es mit sich, daß der Verfasser durch eine überquellende Fülle von Gründen Eindruck zu machen sucht, ohne gebührend nach dem Grade ihrer Berechtigung zu fragen. In breiter Ausführung erscheinen die beiden Datumserschleichungen, gewiß mit der Nebenabsicht vorgetragen, durch den Vorwurf der Betrügerei Stimmung gegen die Kardinäle zu machen, sachlich aber von geringer Tragweite. Überall wird auf rein äußerliche Dinge ein großes Gewicht gelegt; die Fragen von grundlegender Bedeutung, die Frage nach der Absetzbarkeit des Papstes, die Frage, ob Gregor wegen Ketzerei belangt werden kann, die

---

1) Gl. 138.
2) Gl. 148, 90, 91.
3) Gl. 118.
4) Gl. 138.
5) pg. 415,8.
6) Gl. 116, 90.
7) R. A. VI. pg. 680,z.
8) Gl. 137.

Stellung der Konzilien zum Papst, die Hauptfrage nach dem Berufungsrecht werden durchaus ungenügend behandelt.

Schwerer wiegt der Vorwurf, daß jene Heidelberger in einem Dunstkreise von Anschauungen lebten, der ihnen den Blick für die Wirklichkeit trübte. Die rein begriffliche Art, die überlieferten Ansprüche des Papsttums festzuhalten, wird überspannt bis zur völligen Verkennung der Bedürfnisse der päpstlichen Kirche; kamen doch einige zu der merkwürdigen Ansicht[1]): lieber sieben oder acht Päpste, als einen Augenblick die Obedienz weigern! Von der Geschichte der letzten dreißig Jahre hatten sie nichts gelernt: wie hätten sie sich sonst einbilden können, mit der Betonung des strengen Rechtes noch etwas zu erreichen! Ja die ernste Mahnung, ein so altes Übel zu beseitigen, beantworteten sie mit dem sophistischen Beweis vom Haufen[2]): man muß erst untersuchen, wann ein Schisma eingewurzelt sei, ob mit dreißig, zwanzig Jahren oder auch mit einem! Wieviel näher waren doch diese unbedingtesten Anhänger der Vollgewalt des Papstes daran, die Grundbedingungen ihres Daseins aufzuheben, als jene Reformer in Paris!

Während so die Verteidigung der Papstrechte als verfehlt bezeichnet werden muß, ist den Franzosen und ihren Verbündeten, den Kardinälen, die rein kirchliche Maske mit Glück abgerissen und die politische Auffassung zu Ehren gebracht. Ja man gewinnt den Eindruck, daß diese politische Betrachtung in Heidelberg ausschlaggebend gewesen ist, nicht die Gründe kirchlicher oder rechtlicher Natur. Freilich ist der französische Charakter des Pisaner Unternehmens entschieden einseitig hervorgehoben.

Besonders wichtig ist endlich das angedeutete Verhältnis der Glieder des Reiches zu den vorliegenden Fragen. Wollte man dem Papste den Gehorsam entziehen, so wäre bei der völligen Zerfahrenheit des Reichsverbandes der gänzliche Verfall der Kirchenzucht und ein üppiges Aufschießen von Ketzerei zu befürchten[3]). Dieser Zug von der Reichsgewalt, wie von Rom sich unabhängig zu machen, verkörperte sich jenen Heidel-

---
1) pg. 406,27 ff.
2) Gl. 66.
3) Gl. 81.

bergern, unter denen ja die Bischöfe von Worms und Speier hervorragten, im Mainzer Erzbischof: sie schrieben ihm die Absicht zu¹), eine Willkürherrschaft in seinem Gebiete zu begründen über die untergebenen Geistlichen, wie über die weltlichen Besitzungen. Darum verteidigte man das Papsttum als ein Bollwerk gegen die dem Königtum feindlichen Bestrebungen im Reiche und draußen.

Von größtem Einfluß waren diese Anschauungen, wie sie in den Postillen vorgetragen wurden, auf König Ruprecht. In ihren Grundzügen eignete er sie sich an und verlieh ihnen später in seinen Kundgebungen wiederholt Ausdruck.

§ 6. Die Parteibildung in Deutschland.

Während durch die Postillen die Entscheidung über Obedienz und Konzil zu gunsten der königlichen Auffassung bearbeitet wurde, rüsteten sich die Kardinäle, in einem neuen Ansturm die Teilnahme der Deutschen an ihrem Unternehmen zu erobern. Am 5. November reiste Kardinal Landulf von Bari²), der päpstlicher Stellvertreter in Perugia gewesen³) und erst am 5. Oktober dem Vertrage vom 29. Juni beigetreten war⁴), nach Deutschland ab. Bald darauf hörten die Kardinäle von der Nürnberger Zusammenkunft und der Berufung des Frankfurter Tages. In richtiger Würdigung seiner Bedeutung gaben sie an Landulf Anweisung, dort zu erscheinen⁵) und wandten sich an den König und die Königin von Frankreich mit der Bitte, durch eine Gesandtschaft auf die deutschen Fürsten zu Frankfurt einzuwirken⁶).

Gegen Ende November brach Landulf von Trident nach Süddeutschland auf⁷), umgeben von einer Schar von hundert

---

1) R. A. VI. 370, bes. Glosse 155.
2) R. A. VI. 232.
3) Mansi XXVII. pg. 70, D.
4) Mansi XXVII. pg. 165, E.
5) R. A. VI. pg. 355,34 ff.
6) R. A. VI. 232 u. 233.
7) Über Landulfs Reise haben wir einen ausführlichen Bericht von ihm selbst, zuletzt gedruckt R. A. VI. 239; ferner kürzere

bewaffneten Reitern¹), in seinem Gefolge der Erzbischof Petrus von Messina²), der Bischof von Lodi³), der Kaplan des Kardinals, Petrus von Ortemberg⁴), ferner mehrere Doktoren, so Johannes von Bologna⁵), wohl auch Robert de Fronzola⁶) und andre mehr. Meisterlich verstand er es, sich als den Boten des Herrn aufzuspielen, der durch die Lande zieht, um der des Streites müden Welt den Frieden zu verkündigen⁷). Über den Brenner eilte er nach Innsbruck, wo die Herzogin Elisabeth von Österreich, Ruprechts Tochter, ihm ein Ehrengeleit entgegensandte, und weiter nach dem Bodensee, in Konstanz vom Bürgermeister und Rat, von der Geistlichkeit und einer dichten Volksmenge am Strande empfangen, von da über Schaffhausen nach Basel. Er pflegte in Gegenwart der Geistlichen und der Stadtbehörden oder vornehmer Herren bei einem ihm zu Ehren veranstalteten Mahle die Not der Kirche zur Sprache zu bringen⁸); doch hielten sich, wie es scheint, die Bischöfe fern⁹).

In Basel beschloß er den Herzog Friedrich von Österreich, der ja im Besitze der Alpenpässe war, aufzusuchen. Ein Schreiben Balthassar Kossas bestärkte ihn in seinem Vorsatz. Am 19. Dezember nachts bei Fackelschein ward er vom Herzog nach Freiburg eingeholt; nach einigen Verhandlungen gelang es, von ihm ein Schreiben zu erhalten mit der freilich be-

---

R. A. VI. 278 (Landulf an Heinrich von England); R. A. VI. 370. Glosse 152 (von einem Anhänger Ruprechts). Dietr. de schism. III. 39.

1) R. A. VI. 251.
2) R. A. VI. 256.
3) R. A. VI. pg. 351,10, 27. 353,42. 355,5.
4) R. A. VI. 249.
5) R. A. VI. pg. 353,42.
6) Vielleicht steckt er schon in dem a. a. O. genannten doctor Robertus.
7) Bezeichnend sind die für die Predigten gewählten Texte: in Basel: siehe ich sende meinen Engel, pg. 341,28; in Strafsburg: es ward ein Mensch von Gott gesandt, pg. 355,5.
8) R. A. VI. pg. 351,15 ff. pg. 351,31 ff. pg. 353,38 ff. pg. 355,10 f.
9) Weder in Konstanz noch in Basel traf er mit dem Bischof zusammen.

dingten Zusage, das Konzil zu beschicken¹). Über Breisach, Kolmar und Schlettstadt kam er am 27. mittags in Straßburg an. Man erklärte, man sei nicht gewohnt, Kardinälen Prozessionen zu machen und erwarte die Beschlüsse des bevorstehenden Frankfurter Tages, gewährte aber doch am folgenden Tage die verlangten Ehrenbezeigungen. Der Bischof entschuldigte höflich seine Abwesenheit²). Hier traf Landulf auch mit dem Abte von St. Justina zusammen, der ihm wichtige Aufschlüsse gab über die Gesinnung Deutschlands und Winke für sein Verhalten. Am Abend erstattete er den Kardinälen einen Bericht über seine Thätigkeit, ein sprechendes Zeugnis für seine lebhafte Auffassung und geschickte Art, die Leute zu behandeln, wie für seine eitle Selbstbespiegelung und Sucht, alles günstig zu malen. Auch ein Schreiben an die Florentiner ging ab³). Von Straßburg reiste er weiter nach Speier, wandte sich aber nicht nach Heidelberg zum Könige, sondern nach Mainz⁴). Unterwegs traf er noch mit dem Markgrafen Bernhard von Baden zusammen, den er für die Politik der Kardinäle gewonnen haben will⁵).

Nach Mainz hatte am 22. November der Erzbischof die Suffraganbischöfe zu einem Provinzialkonzil auf den 8. Januar (wenig Tage vor Eröffnung der Frankfurter Versammlung) berufen, um einen gemeinsamen Beschluß zur Förderung der

---

1) MANSI XXVII. 199 f. tantummodo si legitimo impediti non fuerimus, transmittemus ...

2) R. A. VI. 238. BINTERIM, Pragmatische Geschichte der deutschen National-, Provinzial- und vorzüglichsten Diözesankonzilien. VII. (Mainz 1848) pg. 12 spricht von einem Schreiben, worin er Landulf seine Beistimmung anzeigte: davon ist in dem Schreiben nichts zu entdecken.

3) BINTERIM, a. a. O. pg. 12 spricht auch von Schreiben an die Erzbischöfe von Mainz und Köln. Das ist wohl ein Mifsverständnis. Es heifst: qui (Theodoricus a Nyem) meas subindo receperat litteras cum quibus a Pisis eciam domino Coloniensi scripseram accessum meum.

4) Am 28. Dezember schwankte er noch darüber. Aber am 9. Januar hat er offenbar den König noch nicht gesprochen. R. A. VI. 251, vgl. auch 278.

5) R. A. VI. 278.

Kircheneinheit zu fassen [1]). Die Warnung, sich nicht von Laien Gesetze vorschreiben zu lassen [2]), verrät schon deutlich seine Absicht, den Wünschen des Königs kein Gehör zu schenken; vielmehr giebt er zu verstehen, daß er das Verhalten der Kardinäle billige.

Johann war unter den Staatsmännern Deutschlands, die in den Tagen des Pisaner Konzils wirksam hervortraten, der fähigste Kopf. In neueren Geschichtsdarstellungen jener Zeit findet man ihn vielfach als selbstsüchtigen Ränkeschmied und Feind jeglicher Ordnung behandelt. Gewiß gehört er den Vertretern jener Staatskunst an, die, ohne nach dem Sittlichen zu fragen, auf jedem Wege ihren Vorteil sucht. Auch kann man keinen großen staatsmännischen Gedanken, keine zielbewußte Einheit in seinem Handeln entdecken. Aber das darf uns nicht hindern, Johanns politische Einsicht, wo er deren gezeigt hat, anzuerkennen und auch seinem Streben, den Gewinn seines Hauses und seines Erzbistumes zu fördern, gerecht zu werden.

Als Johann sich jetzt vor die Frage gestellt sah, ob er in Pisa in Gemeinschaft mit den Kardinälen und Frankreich zur Herstellung der kirchlichen Einheit mitwirken sollte, so erkannte er, daß an eine gütliche Vermittelung zwischen den beiden Päpsten nicht mehr gedacht werden dürfe [3]). Auch mag er erwogen haben, daß eine Schädigung Deutschlands und insbesondere der deutschen Kirche mit dem, was in Pisa bevorstand, nicht notwendig verknüpft war. Denn die Teilnahme der Deutschen war für die Pisaner von hoher Bedeutung: sie mußten bereit sein, sie mit Zugeständnissen zu erkaufen oder wenigstens berechtigte deutsche Wünsche zu erfüllen. Vorläufig

---

1) R. A. VI. 237. GOBELIN, Cosmodr. cap. 89 bei MEIBOM I. pg. 327. Die Konzilsausschreiben wurden mit übersandt, aber nur das Gregors und das der Kardinäle: pg. 347,28, schwerlich das Benedikts. Von anderen Stücken (BINTERIM S. 13 nennt prima avisamenta Dom. Card.) steht nichts da.

2) absurdum foret et absonum in hoc negocio alios quoscunque ecclesiasticis prelatis legem ordinare...

3) pg. 347,23 ff. quibus (papa et antipapa) et hodie in contraria persistentibus voluntate... cardinales... bona forsitan moti ratione... incipiunt so in obediendo subtrahere id ipsum nobis et fere omnibus mundi principibus velut in hoc negocio proficuum variis racionibus persuadentes.

war also strenge Zurückhaltung geboten, um sich die freie Entscheidung für den geeigneten Augenblick aufzusparen; dabei war eine Verständigung mit den Pisanern immer im Auge zu behalten.

Eine solche Erwägung war, denke ich, treffender, als die vorgefaßte Meinung der Staatsmänner in Heidelberg. Deutlicher geht aus jenem Einladungsschreiben hervor, daß Johann sofort mit Scharfblick herausfand, daß hier eine Machtfrage zwischen ihm und dem Könige vorlag. Gelang es Ruprecht, eine leitende Rolle zu spielen, dann war die Erstarkung seines königlichen Ansehens die natürliche Folge. Das mußte verhütet werden. Darum galt es, zunächst die ihm untergebenen Bischöfe in den Kreis seiner Bestrebungen zu ziehen, um in Frankfurt, wenn möglich, mit einem festen Ergebnis vor den König zu treten.

Das Provinzialkonzil trat wirklich zusammen [1]; Landulf war zugegen [2]. Was zwischen ihm und dem Mainzer verhandelt und vereinbart worden ist, entzieht sich unserer Kenntnis; genug, Johann erschien in der Folge als Parteigänger der Kardinäle. Freilich der allseitigen Zustimmung seiner Bischöfe erfreute er sich nicht [3]. Wir wissen nicht, wer in Mainz zugegen gewesen ist; aber nach allem, was uns über die Gesinnung der Bischöfe bekannt ist, muß man annehmen, daß Worms, Speier, Würzburg, Eichstädt, Verden, Paderborn für ein Zusammengehen mit den Kardinälen nicht zu gewinnen waren, Straßburg, Basel, Konstanz nach ihrem Verhalten gegenüber Landulf auch schwerlich; von Halberstadt, Hildesheim, Augsburg und Chur ist nichts aus den Quellen für jene Zeit zu ermitteln. Thatsache ist, daß kein Bischof der Mainzer Kirchenprovinz Gesandte nach Pisa geschickt hat; vielmehr stellte gerade sie später die treusten Anhänger Gregors [4]. Das alles, in Verbindung mit der angeführten Nachricht, wenn sie auch

---

1) Die Zweifel Hefeles, Konziliengeschichte VI. pg. 799. und Binterims pg. 19 werden gehoben durch R. A. VI. 370. Glosse 143.

2) Landulf urkundet in Mainz am 7. Jan. R. A. VI. 249; am 9.: 251; wohl am 12. oder 13.: 255.

3) spretis consiliis suffraganeorum suorum fere omnium.

4) Vielleicht hielt gerade die Furcht vor den Übergriffen des Mainzers die Bischöfe bei Gregor zurück; s. R. A. VI. 370. Gl. 155; vgl. Diss. S. 36 u. 101. Anm. 4.

von einem Gegner herrührt, beweist, daß der Erfolg Johanns auf seinem Provinzialkonzil keinesfalls groß gewesen ist.

Hier in Mainz arbeitete auch Robertus de Fronzola, ein Doktor der Rechte im Gefolge Landulfs, Konklusionen aus, um in Frankfurt den Postillen entgegenzutreten [1]).

Von der Parteibildung im übrigen Deutschland sind wir sehr wenig unterrichtet. An den Erzbischof von Köln, Friedrich von Saarwerden, schickte König Heinrich von England ein Schreiben (13. Nov.) [2]), worin er sich zu gunsten der Pisaner verwandte. Dietrich von Nieheim [3]) war im Auftrage Landulfs thätig, um ihn zu gewinnen. Später finden wir Köln, wie so oft in jener Zeit, im Gefolge der kurmainzischen Politik, ohne daß sich der Grund sagen ließe, der Friedrich bestimmt hat, sich dieser Partei anzuschließen.

Im Süden des Reiches, in Wien, gewann die Hochschule Einfluß auf die Entscheidung. Anfang Oktober beriet sie über die Aufforderung der Kardinäle und beschloß, das Konzilsprojekt zu billigen [4]); betreffs der Obedienzverweigerung war sie bedenklicher. Sie setzte sich mit den Landesfürsten, dem Erzbischof von Salzburg und den Bischöfen ins Einvernehmen. Man gewinnt den Eindruck, als ob die Herzöge dem Gutachten ihrer Universität gefolgt wären ohne tiefer liegende Beweggründe. Dem Bischof Georg von Passau ordnete die Hochschule mit Genehmigung des Herzogs Leopold den berühmten Doktor Lamprecht von Geldern und Gerhard Vischbeck als Räte für den Frankfurter Tag bei [5]). Man durfte erwarten, daß er dort für die Kardinäle Partei ergreifen werde.

---

1) R. A. VI. pg. 422,22 vgl. mit Anm. 1.
2) R. A. VI. pg. 279,35 b vgl. mit Mansi XXVII. p. 108.
3) R. A. VI. pg. 355,18.
4) Kink, Geschichte der kaiserlichen Universität in Wien. Wien 1854. Band I. Teil 2. Urkundliche Beilagen XIV. 2. Lib. I. act. fac. art. fol. 130. Aschbach, Geschichte der Universität Wien. S. 246 ff.
5) Hansiz, Germania sacra. I. 490.

§ 7. Der Frankfurter Fürstentag.

Konnte der König über eine gemeinsame Kirchenpolitik mit den deutschen Großen sich ins Einvernehmen setzen? Das war die Frage, über die der Frankfurter Tag die Entscheidung bringen sollte. Ruprechts Worte galten den Pisanern wenig, wenn Deutschland im Gegensatze zu ihm sich für sie erklärte [1]).

Schon vor dem Eröffnungstag trafen Fürsten und vornehme Herren ein und erwarteten unter ritterlichen Spielen und Festlichkeiten den königlichen Gebieter [2]). Sonntag den 13. Januar kam er [3]), vom Bürgermeister und Mitgliedern des Rates begrüßt [4]);

---

1) Von Berichten über den Tag haben wir den Landulfs an König Heinrich von England, R. A. VI. 278, unmittelbar nach den Ereignissen, schon am 24. Jan. 1409, aber entschieden mit der Absicht verfaſst, Heinrich eine übertriebene Meinung von den Erfolgen der Pisaner beizubringen; den königlichen in der ersten Werbung vom Februar R. A. VI. 280, der die Haltung Ruprechts am deutlichsten wiedergiebt, aber von Landulfs Wirksamkeit kein klares Bild entwirft und die Gesinnung der Fürsten zu gunsten des Königs färbt. Dietrichs Erzählung (de schism. III. 39), etwa ein Jahr später an Alexanders V. Hofe verfaſst, giebt manches Brauchbare; doch ist der Parteistandpunkt nicht zu verkennen. Dietrich weilte in jener Zeit in Köln (ERLER, Dietrich von Nieheim, S. 185); seine Anwesenheit auf dem Frankfurter Tage (SAUERLAND, Das Leben des Dietrich von Nieheim, S. 47) läſst sich, streng genommen, nicht erweisen; allerdings behandelt er den Tag genauer als die andern Ereignisse jener Zeit. Jedenfalls war er nicht weit entfernt und konnte gute Nachrichten haben. Doch ist gröſsere Vorsicht in der Benutzung geboten, als sie von den Gelehrten meist beobachtet worden ist. Kurz, aber zuverlässig und inhaltsreich ist Gobelinus Persona, Cosmodr. VI. cap. 89, bei MEIBOM I. 327. Ihm nacherzählt ist der Bericht im Magnum chronicum belgicum, PISTOR-STRUVE, Rer. Germ. vet. script. ed. tertia pg. 377. Zwei Zusätze finden sich, davon ist der eine, wie ich vermute, aus der Werbung Ruprechts entlehnt (der Vorschlag Antonios), die ihm zugänglich sein konnte, wie ja Dietrich de schism. III. 53 die dritte Werbung Ruprechts kannte, KÖNIGSHOFEN, Hegels Stohr. IX. pg. 614,28 f., die zweite pg. 615,24 ff., anscheinend auch die dritte.

2) R. A. VI. 264,1. 2.

3) R. A. VI. 245. Dieser Tag erscheint überall als Eröffnungstag.

4) R. A. VI. 261,2.

der Tag ward eröffnet. Die Erzbischöfe von Mainz und Köln waren persönlich mit stattlichem Gefolge erschienen¹). Markgraf Friedrich von Meißen, mit dem Mainzer seit Oktober auf Lebenszeit verbunden²), war anwesend, auch sein Gegner in der Erbschaftsangelegenheit, Burggraf Friedrich von Nürnberg, bisher ein treuer, rühriger Anhänger des Königs, aber sein Bruder Johannes nicht mehr. Dem Landgrafen Hermann von Hessen und Herzog Heinrich von Braunschweig-Lüneburg sandte Ruprecht seine Söhne und Räte entgegen³), um sie ehrenvoll zu empfangen. Zahlreiche Grafen, Bischöfe und Äbte waren zugegen, unter diesen wohl auch der Bischof Georg von Passau, der die Stimmung der österreichischen Lande vertrat; andre hatten Gesandte geschickt⁴).

Von auswärtigen Mächten war Frankreich durch Simon Cramaud, den Patriarchen von Alexandrien, der die Verhandlungen in Italien geführt hatte, und zwei Gelehrte der Pariser Hochschule vertreten⁵). Ihnen lag es ob, die Furcht vor den französischen Umtrieben, die gerade von Ruprechts Anhängern erregt wurde, zu beschwichtigen. Auch eine englische Gesandtschaft, die auf dem Wege nach Pisa war, fand sich ein, Wilhelm der Abt des Benediktinerklosters Westmis (?), der Edle Johannes Alvil und der Rechtsgelehrte Nikolaus Resten⁶).

Die Einigung der Kirche wünschten sie alle; aber hier war die Losung: Einigung um jeden Preis, dort Einigung unbeschadet der Rechte des Papstes. Die Verhandlungen drehten sich im wesentlichen um zwei Punkte, um die Frage, ob man Gregor den Gehorsam aufzukündigen habe und um die Anerkennung der Befugnis der Kardinäle, eine Kirchenversammlung eigenmächtig zu berufen⁷).

---

1) Dietr. a. a. O.
2) R. A. VI. pg. 664,39.
3) R. A. VI. pg. 370,35 ff.
4) R. A. VI. 279.
5) R. A. VI. 258.
6) Mansi XXVII. pg. 3 A (Chron. Car. VI. Mon. St. Dionysiani) vgl. mit Mansi XXVII. pg. 336 D. Heinrich hatte schon durch Briefe vom 13. Nov. 1408 Ruprecht seine zu gunsten der Pisaner veränderte Auffassung wissen lassen. R. A. VI. pg. 279 Anm.
7) Allerdings fällt dies beides nicht zusammen; beide Forderungen wurden aber von den Kardinälen gestellt. Darum darf man

Ruprecht machte geltend, daß man nicht eher dem Papste den Gehorsam zu verweigern berechtigt sei, als bis er den Gesetzen gemäß durch einen ordentlichen Spruch verurteilt wäre [1]). Damit war freilich Ruprechts Beweisführung nicht erschöpft; vielmehr wird der in den Postillen angesammelte Stoff wenigstens in seinen Hauptpunkten zur Erörterung gekommen sein, besonders auch die Stellung Frankreichs. Doch jenes uns zufällig erhaltene Stück seiner Darlegung zeigt, daß der König nicht gewillt war, den Standpunkt des strengen Rechtes aufzugeben, ja daß er sich gerade wie die Postillen auf Formsachen versteifte, anstatt mit dem Blick des Staatsmannes die Lage anzusehen und ihr gerecht zu werden.

Den Postillen trat nun Robert de Fronzola [2]) in seinen Konklusionen, die wahrscheinlich vor der Versammlung zum Vortrag kamen [3]), mit der ganzen Schärfe und reichen Fülle seiner italienischen freilich meist nur erborgten Rechtsgelehrsamkeit entgegen. Seine Ausführungen dienten nur dazu, die Rechtmäßigkeit des Verfahrens der Kardinäle durch Stellen der alten Gesetze und Kirchenväter, durch Vergleiche mit den Bestimmungen des bürgerlichen Rechtes u. s. w. zu erhärten. Doch mußte er an einigen wichtigen Punkten die strenge Be-

---

doch die Bewilligung der einen Forderung nicht in so scharfen Gegensatz zu den Wünschen der Kardinäle bringen, wie dies namentlich O. Lorenz, Papstwahl und Kaisertum, Berlin 1874, S. 217 thut.

1) Magnum chron. belg. bei Pistor-Struve III. 377.

2) Daſs er nicht Mainzer Konsistorialadvokat war, hat schon Weizsäcker R. A. VI. pg. 422. Anm. 1 dargethan. Er selbst aber begeht einen Irrtum, wenn er einen tractatus bei Gudenus, cod. dipl. Mogunt. II. pg. 610 für denselben erklärt, der sich in Paris Nat.-Bibl. 1470. fol. 207^a—232^b findet. Der Pariser ist nämlich datiert 1405 de mense Iulii in civitate Ianue. Der bei Gudenus wird gewidmet rev. cardinalium utriusque partis . . unico collegio. Hier wird das Vorgehen der vereinigten Kardinäle rechtlich begründet. Die Schrift fällt also in die zweite Hälfte des Jahres 1408. Sie zählt 11 Abschnitte, während der pg. 425,5 erwähnte tractatus aus 10 conclusiones bestand. Übrigens ist jenes Datum Juli 1405 kein Druckfehler, denn S. 770 wird es ebenso verzeichnet.

3) in presencia . . . Ruperti Romanorum regis et generalis concilii tocius Alemanie publicate, d. h. schwerlich: öffentlich überreicht, sondern: vorlesen.

gründung aus den Rechtsquellen verlassen und sich auf allgemeine Grundsätze berufen; z. B. daß jede Ausnahme von der Regel durch einen hinreichenden Grund gerechtfertigt wird [1]).

An die Spitze seiner Darlegung stellt er den Satz, daß beide Obedienzen, obgleich jede ein andres Oberhaupt anerkannt hat, in der einen allgemeinen Kirche verblieben sind. Wer die gegenwärtige Kirchenspaltung fördert, ist Ketzer, auch der Papst, wenn er hartnäckig sich weigert, die Hand zur Einigung zu bieten und die dazu geschworenen Eide nicht erfüllt. Nach den bestehenden Rechtsgrundsätzen bedarf man aber gegen einen Papst, der sich erwiesenermaßen der Ketzerei schuldig gemacht hat, also eines Verbrechens, welches durch die Gesetze schon verurteilt ist, eines Rechtspruches nur, um thatsächlich gegen ihn einzuschreiten, also um ihn abzusetzen, nicht aber um ihm den Gehorsam zu verweigern. Der zuständige Richter über den Papst ist die allgemeine Kirchenversammlung; Papst und Kaiser sind unfähig, eine solche einzuberufen, da keiner in der ganzen Kirche anerkannt wird. Demnach kommt das Recht an die Kardinäle; die ganze Kirche, von den beiden Kollegien an gleichem Ort zu gleicher Zeit versammelt, ist von Rechts wegen zuständig und auch thatsächlich fähig, Schritte zur Einigung der Kirche zu thun.

Auf Ruprecht und seine Anhänger konnte der Vortrag wenig Eindruck machen; sie gaben die Grundlage der Beweisführung, die Schuld Gregors, eben nicht zu, erkannten gewiß auch solche Beschränkungen, daß der Kaiser höchstens in Glaubensangelegenheiten zur Konzilsberufung befugt sei [2]), nicht an. Wohl aber mochten die andern Fronzolas Erörterung als Widerlegung der in den Postillen verfochtenen Behauptungen hinnehmen.

Viel bedeutungsvoller war die Rede, die Landulf in eigener Person vor der Frankfurter Versammlung hielt. Sie hatte offenbar einen mehr politischen Charakter. Gewiß hat es Landulf nicht bei dieser Staatsrede bewenden lassen, sondern auch geheime Unterhandlungen mit dem König gepflogen. Darüber aber ist nichts bekannt.

---

1) pg. 441,6 f.
2) pg. 439,29 ff.

Sechs Tage waren verstrichen, ehe der Gesandte Gregors, sein Neffe Antonio, Bischof von Porto ¹), ankam, sechs kostbare Tage, die von Landulf ausgenutzt werden konnten, um in ernster Verhandlung und bei festlichen Gelagen, wie er es liebte, Stimmung gegen Gregor und seinen Boten zu machen. Gerade die Person Antonios ²), der an sich unbeliebt, als der einflußreichste Gegner der Kircheneinigung verschrieen war, dem man den unglücklichen Vertrag von Marseille und sein Scheitern zur Last legte, bot Stoff zu Anschuldigungen und Verdächtigungen. So sahen die Fürsten ihm mit Mißtrauen, in Vorurteilen befangen entgegen. Freilich Ruprecht ließ ihn sicher geleiten und empfing ihn ehrenvoll.

Vor dem König und den Fürsten im Römer hielt Antonio eine Verteidigungsrede ³) für den Papst und ging, wie natürlich, dabei zu einem heftigen Angriff gegen die Kardinäle über; an Beschimpfung des Gegners mag er es nicht haben fehlen lassen, ebensowenig als Landulf: es war eine rohe, wilde

---

1) Seine Vollmacht war ausgestellt am 13. Dezember 1408. R. A. VI. 265.

2) So schreibt Landulf am 24. Jan. an König Heinrich von England, R. A. VI. 278: dom. Antonius Corario ... qui quondam ad Benedictum pro loci electione ... transmissus pro collusionibus suis episcopatum consecutus est et in cardinalem postea .... profanatus ....

3) WEIZSÄCKER glaubt, pg. 318,11 ff., einen Ersatz dieser Rede in der Anweisung R. A. VI. 266 zu haben. Sie fällt ins Jahr 1408 (Art. 6 ist anni praeteriti 1407) und zwar nach dem Tod des Kardinals von Lüttich (im Juli 1408, s. Art. 3). Verhandlungen über die Rückkehr sind von Gregor mit den Kardinälen gepflogen worden, ohne Ergebnis. Da mit ihnen nichts zu erreichen ist, wendet sich der Papst an ein Konzil. Den Hauptinhalt bilden die Ereignisse vom Mai und was vorhergeht. So natürlich auch das Hervorheben dieser Schlechtigkeiten der Kardinäle bei Verhandlungen über Beschickung der angesagten Konzilien ist, so auffällig ist es, dafs das Konzil der Kardinäle mit keinem Worte Erwähnung findet. Vielmehr sagt Gregor nur Art. 4: isti, qui se separaverunt, coniunxerunt se cum aliquibus (!) anticardinalibus, quos tractant pro cardinalibus et contempnunt omnes sententias et processus sancte memorie Urbani VI. et ducunt in dubium papatum nostre partis et circa papatum nituntur subvertere omnem ordinem divinum et humanum sequentes novas hereses et parant se ad violenciam ...
Darum scheint mir das Stück zur ersten Konzilsberufung Gregors

Zeit, nur für starke Eindrücke empfänglich. Aber die Mehrzahl der Fürsten war von der Gegenpartei zu sehr bearbeitet, um das Maß der Schuld auf beiden Seiten gewissenhaft abzuwägen. Gregors hinterlistiges Spiel galt ihnen für erwiesen: also waren auch Antonios Anklagen unwahr, nur darauf berechnet, die Kircheneinigung zu hintertreiben. Kein Wunder, wenn seine Worte den Fürsten mißfielen [1]).

Dem Könige [2]) drängte sich vor allem die Überzeugung auf, daß die Ausführungen beider Kardinäle in völligem Widerspruch miteinander ständen, daß so die Einigung der Kirche nimmermehr zu stande kommen könnte. Eine Vermittelung mußte erstrebt werden. Der König beriet sich mit seinen Fürsten und versuchte, ob nicht die beiden Kardinäle für einen Mittelweg, der die Ansprüche beider Parteien befriedige, zu gewinnen seien. Viel ward hin und her verhandelt. Endlich verstand sich Antonio zu folgendem Vorschlag: unter ausdrücklicher Verwahrung, daß der Papst bereits eine Kirchenversammlung nach Udine [3]) berufen habe und daß ihm allein das Recht dazu gebühre, überläßt er es dem römischen Könige, Ort und Zeit des Konzils zu bestimmen [4]); der Papst wird dort erscheinen, wenn auch

---

zu gehören, nicht zur zweiten vom 19. Dez., zumal die Berufung auch als etwas neues auftritt. Ruprecht spricht R. A. VI. 280,1 von mehreren „schrifften und bottschaften", was sich auf mündliche Gesandtschaften wenigstens beziehen kann. Ein päpstlicher Legat ist auf dem Nürnberger Tage nachweisbar.

1) Dietr. a. a. O.
2) R. A. 280,3.
3) Gegen Ende Oktober hatte Karl Malatesta den Papst nach Rimini geleitet und sofort den Versuch gemacht, ihn für ein gemeinsames Konzil an einem dritten Ort zu gewinnen. Den vereinten Bitten seines Beschützers, Venedigs und des Königs von Ungarn schenkte der Papst zuletzt Gehör (Mansi XXVII. pg. 80 B); man nahm Mantua, Bologna, Forli, Rimini in Aussicht (Mansi XXVII. pg. 228 f., vgl. pg. 258 D u. E). Dann aber trugen wieder die Feinde der Pisaner den Sieg über die vermittelnde Politik davon. Gregor gewährte (14. Dez.) den Kardinälen eine letzte Frist von dreifsig Tagen, um der endgiltigen Absetzung zu entgehen (Mansi XXVII. pg. 67 ff.) und erliefs am 19. ein zweites Konzilsausschreiben (Mansi XXVI. pg. 1087), worin er Cividale oder Udine als den Ort der Zusammenkunft bezeichnete.
4) In einem Briefe an Florenz vom 12. März 1409 äufsert Gregor, er sei bereit virum eligere, Deum timentem, pacem aman-

die Kardinäle sich dazu bereit erklären. Päpstliche Ehren sollen sie ihm nicht erweisen, wenn sie es nicht gern thun. Dort soll festgestellt werden, ob er seinen Gelübden genügt habe; wenn man es verneint, so will er sofort sie erfüllen, in jedem Falle aber für Herstellung der Einheit Sorge tragen. Obschon von Rechts wegen die Kardinäle sich ihm zu fügen hätten, so hält er es für eine geeignete Vermittelung, wenn dem römischen König, als dem Schirmvogt der Kirche und Haupt der Christenheit, die Bestimmung über das Konzil anheimgestellt werde.

Dieser Antrag hatte für Ruprecht etwas sehr Verlockendes: er entsprach der Richtung seiner Kirchenpolitik seit dem Beginne seiner Regierung, er bot ihm die Aussicht, sein Ansehen zu erhöhen im Reiche und dem aufstrebenden Frankreich gegenüber, er gewährte die Hoffnung, der Kirche den Frieden zu schenken, ohne daß die Rechte des Papstes geschmälert, die Gewissen verletzt würden.

Aber der Vorschlag Antonios, mag er nun vom Papst dazu angewiesen oder eigenmächtig [1]) ihn gethan haben, war mehr darauf berechnet, Ruprecht an die Partei zu fesseln, als in der That einen Schiedsspruch des römischen Königs herbeizuführen. Jedenfalls war seine Verwirklichung ohne alle Aussicht. Wer hätte sich auch dem Spruche des gar nicht allgemein anerkannten römischen Königs fügen sollen, selbst wenn die Kardinäle sich darauf eingelassen, d. h. einen völligen Umschwung ihrer Politik vollzogen und die angestrebten Rechte preisgegeben hätten, in einem Augenblick, wo die Zahl ihrer Freunde täglich wuchs? Frankreich, Florenz, Benedikt und sein Anhang

---

tem, schisma odientem et cunctis respectibus unionem sacratissimam procurantem (MANSI XXVII. pg. 83 A), der den dritten Ort bestimmen solle. Möglich, dafs er dabei an Ruprecht gedacht hat. Von Florenz ward der Vorschlag nicht beachtet. Sonst hat Gregor nichts gethan, um einen solchen Schiedsspruch anzubahnen. Es war eben noch in letzter Stunde ein Versuch, die Eröffnung des Pisaner Konzils zu verschleppen.

1) Allerdings kann der Ausdruck pg. 467,23: „sich des wollen mechtigen" nach Lexers Taschenwörterbuch pg. 116 die Nebenbedeutung: eigenmächtig verfahren, eigenmächtig für einen abwesenden handeln, haben.

sicher nicht, König Wenzel, seine Verwandten und Anhänger ebensowenig, Ladislaus, auf den doch Gregor vor allen angewiesen war, schwerlich, ja man darf annehmen, nicht einmal alle deutschen Fürsten.

So gab denn auch Landulf in Frankfurt die Erklärung ab, keine Vollmacht zu haben, Stadt und Zeit zu ändern; und das war ganz korrekt, denn die Kardinäle hatten sich eidlich verpflichtet, von dem vereinbarten Weg nicht ohne gemeinsamen Beschluß abzugehen. Damit war jede Verhandlung darüber abgeschnitten. Wenn Ruprecht trotzdem den Vorschlag aufgriff und zur Richtschnur seiner Politik machte, so bezeugt dies wieder sein geringes Verständnis für die Verhältnisse der Wirklichkeit.

Die Mehrzahl der Fürsten, vor allen die Erzbischöfe von Mainz und Köln, neigte sich auf Seiten der Kardinäle[1]), d. h. sie waren bereit, das Konzil von Pisa zu beschicken[2]). Landulf ließ sich darüber schriftliche Erklärungen ausstellen. Wie weit man sich auch zur Obedienzentziehung verstand, läßt sich quellenmäßig nicht klar legen[3]). Der König aber blieb fest; er wollte so lange bei Gregor bleiben, bis man einen genügenden Grund fände, sich von ihm abzuwenden. Ein Teil der Fürsten bekannte sich dazu[4]). Ein einhelliger Beschluß kam aber auf dem Frankfurter Tag gar nicht zu stande[5]). Keine der beiden

---

1) Gobel. Persona Cosmodr. VI. cap. 89.

2) R. A. VI. 278. . . . . concluserunt ad ipsum generale concilium mittere et sacro collegio in hoc saucto proposito ecclesie uniende favere hoc se facturos formiter per eorum litteras attestantes. Auch bei Dietrich a. a. O. ist nur davon die Rede, Gesandte nach Italien zu schicken.

3) Jedenfalls thut man gut, nicht von einem Frankfurter Beschluſs der deutschen Neutralität zu reden, wie LORENZ, Papstwahl und Kaiserthum, S. 217, auch HÖFLER, Ruprecht S. 416, HEFELE VI. S. 799, was nur aus dem unklaren Ausdruck bei GOBELIN: declinavit in partem collegii gefolgert sein kann, sonst nicht zu belegen ist.

4) R. A. VI. pg. 469,13 ff. Dazu gehörten, nach ihrer späteren Haltung zu urteilen, Herzog Heinrich von Braunschweig und Landgraf Hermann von Hessen.

5) Dies folgt aus den zeitlich dem Tage am nüchsten stehenden Berichten, R. A. VI. 278, wo freilich omnes principes eine Unwahrheit ist, und R. A. VI. pg. 469,13 ff. Demgemäſs muſs von

Parteien trug den vollen Sieg davon; vielmehr blieb die Entscheidung der Willkür der einzelnen Stände überlassen. Das war das verhängnisvolle Ergebnis des Frankfurter Tages.

Der König verließ sehr bald, zwei Tage nach Antonios Ankunft, wahrscheinlich am 22. Januar [1]), die Stadt, ohne den Gegnern eine schroffe Antwort erteilt zu haben. Allmählich zerstreuten sich auch die anderen Fürsten. Kardinal Landulf begab sich nach Aschaffenburg im Gebiete des Mainzer Erzstiftes. Von dort ordnete er die Angelegenheit des in Frankfurt verstorbenen Erzbischofs von Messina [2]), welche dann sein Bundesgenosse, der Mainzer Erzbischof, weiter verfolgte [3]). Dabei setzte er, wie auch die französische Gesandtschaft, die Konzilswerbung fort [4]).

§ 8. Die Entscheidung in Prag und Heidelberg.

Landulf konnte mit seinen Erfolgen in Frankfurt immerhin zufrieden sein. Zwar Ruprecht hatte nicht gewonnen werden können. Aber die Zustimmung der anwesenden deutschen Großen war der Mehrzahl nach erreicht und, was noch wichtiger war, er hatte sich überzeugen können, daß Ruprechts Macht

---

zwei entgegengesetzten Beschlüssen zweier Parteien gesprochen werden. Dies wird bestätigt durch GOBELIN, der ja eine Mehrheit und eine Minderheit unterscheidet. Dietrichs Angabe eines Beschlusses (concludendo finaliter), wonach der König, die beiden Erzbischöfe und der Meifsner Markgraf Gesandte nach Italien schicken sollten, steht damit in Widerspruch und darf nicht als Reichstagsabschied aufgefafst werden, der übrigens den Zwiespalt auch nur äufserlich hätte verdecken können. Nur soviel ist daran richtig, dafs von den namhaft gemachten Fürsten Gesandtschaften in Aussicht gestellt worden sind. Vgl. Magnum chron. belg. n. a. O. HÖFLER verwickelt sich (wie auch HÄBERLEIN) in einen Widerspruch, indem er die Erklärungen der beiden Parteien unvermittelt nebeneinander stellt.

1) An diesem Tage urkundet Ruprecht noch in Sachsenhausen. CHMEL N. 2724.
2) R. A. VI. 256.
3) R. A. VI. 257.
4) R. A. VI. 280. Art. 12.

nicht groß war¹). Vor seinem königlichen Namen gab es aber
ein Mittel, sich zu schützen: Landulf machte sich auf nach
Prag zu König Wenzel.

In Prag arbeitete Johann Hus und seine Partei auf die
Neutralität hin: der Erzbischof untersagte ihm das Predigen.
Zugleich wurden die nationalen Leidenschaften eifriger geschürt:
der Streit um die drei Stimmen an der Universität brach aus.
Es gelang den Einheimischen, den König für beide Forderungen
zu gewinnen: am 18. Januar²) willigte er in die Abänderung
der Universitätsstatuten, was die heftigste Gährung unter den
Deutschen hervorrief; am 22. erteilte er Befehl³), bei Vermeidung seiner königlichen Ungnade weder die Schreiben Gregors
in Böhmen anzunehmen, noch seine Einkünfte an ihn zu verabfolgen.

Andauernde Beziehungen wurden mit Frankreich unterhalten durch die Verhandlungen über die Heirat Antons von
Brabant mit der Elisabeth von Görlitz. Auch die Kirchenfrage
spielte hinein⁴); da beide verwandt waren, war der kirchliche
Heiratsdispens nötig: am 15. Februar ward dieser sowohl von
einigen Kardinälen, als auch von Benedikt erteilt⁵), um Gregor
kümmerte man sich nicht. So schloß sich Wenzel immer enger
an Frankreich an. Auch hören wir von einer geplanten Fahrt
des Königs ins Reich⁶).

Als nun um diese Zeit Landulf nach Prag kam, ward das
Bündnis leicht abgeschlossen. Am 16. Februar stellte Wenzel
seine Urkunde aus⁷), worin er gelobte, Sorge zu tragen, daß

---

1) R. A. VI. 278: Landulf schreibt vom Könige: qui in hac
re in proprio ducatus sui potentatu vim non habere dicitur et
potestatem, si sic in tam catholico bono quas debet partes favorabiles adhibere cessaret.

2) PALACKY, doc. mag. Ioh. Hus. IV. 10. pg. 347.

3) R. A. VI. 315.

4) PALACKY, über Formelbücher II. in den Abhandlungen der
böhmischen Gesellschaft der Wissenschaften. 5. Folge. 5. 1847.
Beilagen. N. 101. 1409. m. Ian.

5) (WURTH-PAQUET), Table chronologique des chartes et diplômes
... in Publications de la section hist. de l'institut tom. 25; Luxembourg 1870 unter dem angeführten Datum.

6) PALACKY, Formelbücher, a. a. O.

7) R. A. VI. 316.

Gregor im ganzen Reiche kein Gehorsam mehr geleistet würde, ferner geeignete Gesandte nach Pisa zum Konzil zu schicken und alles, was dort beschlossen wird, gewissenhaft zu beachten. Als Kardinal Landulf dies Gelöbnis in Händen hielt, gab er im Namen des vereinigten Kollegiums das Versprechen[1]), Wenzels Gesandte als die des wahren römischen Königs zu behandeln, den neuen einzig rechtmäßigen Papst zu veranlassen, Wenzel zum Kaiser zu krönen und alle Gegner, besonders Ruprecht, den Herzog von Bayern, durch Kirchenstrafen zu vernichten. Landulf konnte dies versprechen in der Überzeugung, kein Interesse der Kirche preiszugeben. Wenzel dachte nicht daran, wichtige Rechte des römischen Königs zurückzuerwerben oder auch nur die Wahl des Papstes von seiner Bestätigung abhängig zu machen; er begnügte sich mit einer äußerlichen Anerkennung seiner Würde und der Aussicht, Kaiser zu werden.

König Ruprecht hatte bei seiner Rückkehr nach Heidelberg den päpstlichen Gesandten mit sich genommen und ihm eine ehrenvolle Aufnahme bereitet[2]). Dem Einflusse dieses Mannes und seinen Heidelberger Ratgebern überlassen, traf er die letzte Entscheidung: sie fiel zu gunsten Gregors wider den ausgesprochenen Willen vieler Reichsstände, auf die Gefahr hin, mit einem großen Teil Europas sich zu entzweien, selbst mit dem befreundeten England. Sollte er nun nachgeben, etwa um der Gefahr einer neuen Erschütterung seines schwankenden Königsthrones zu entgehen? Oft finden wir in Ruprechts Charakter einen Zug von Starrheit und Unbeugsamkeit, der zu seiner Schwerfälligkeit in der Auffassung neuer, weittragender Gedanken stimmt: er gab nicht nach.

Um nun die deutschen Reichsstände so viel als möglich von der Beschickung der Pisaner Versammlung zurückzuhalten und seine Politik zu empfehlen, ließ er ein Schriftstück in der Form einer Gesandtschaftsanweisung an Herren und Städte ausarbeiten[3]): hier faßt er seine Beweggründe in einer gewiß ehr-

---

1) R. A. VI. 317. 7, vom 17. Febr. 1409.
2) Dietr. de schism. III. 39. Diese Höflichkeitserweisung lag doch ganz in der Natur der Sache; Berechnung kann ich darin nicht sehen, also auch keine mißlungene, wie es L. Häusser, Geschichte der rheinischen Pfalz. I. pg. 251 thut.
3) R. A. VI. 280.

lichen Darstellung zusammen [1]). Nachdem er über den Frankfurter Tag berichtet und sich für den Vorschlag Antonios ausgesprochen hat, weist er auf die Unredlichkeit der Kardinäle, auf die von den Franzosen zu besorgende Gefahr hin, er giebt seiner Befürchtung Ausdruck, daß jene die Einigung der Kirche nicht herbeiführen, sondern nur die Spaltung zur Schande der Christenheit verschlimmern würden. Er führt aus, wie Deutschland treu zu Urban VI. und seinen Nachfolgern gehalten, wie Bonifacius ihn selbst bestätigt habe; er gedenkt der Eide, die er dem Papst geschworen; bei Gregor will er bleiben, bis sein Unrecht klar erwiesen sei. Er kündigt auch eine Gesandtschaft an den Papst und die Kardinäle an, die eine Vermittelung anstreben oder doch nachforschen soll, wem die Schuld beizumessen ist; einem schuldigen Papste will er nicht beistehen. Daran schließt sich die Aufforderung, Deutschland zu Ehren, Gott zu Lob und der Gerechtigkeit zu Liebe dem Papst den Gehorsam zu wahren, wie es der König wünscht.

Schon hier zeigt sich eine gewisse Schwäche, und das ist wohl die Folge der Zerrissenheit auf dem Frankfurter Tage.

---

[1]) Man darf nicht Ruprechts strenge Parteinahme für Gregor auf den Wunsch, sich als König zu behaupten (HÄUSSER I. 252), einfach zurückführen oder von Selbstsucht reden (ASCHBACH, Geschichte Kaiser Sigmunds I. Hamburg 1838. S. 275). Ruprecht hätte leicht von den Kardinälen die Zusicherung erlangen können, dafs auch der neue Papst ihn anerkennen würde. Vielmehr barg gerade der Zwiespalt mit den Fürsten die Gefahr einer neuen Erschütterung seines Thrones in sich. HUCKERT, Die Politik der Stadt Mainz während der Regierungszeit des Erzbischofs Johann II. von Mainz, pg. 75, hat ganz Recht, wenn er sagt, dafs Ruprecht aus innerster Überzeugung und Pflichtgefühl auf dieser Seite stand. HÖFLER endlich (Ruprecht) hat auch für unsere Frage manches Richtige beigebracht; doch leidet seine Darstellung daran, dafs er zu viel allgemeine Begriffe, wie Ehre, Würde, Ansehen, Treue und dergleichen mehr anwendet und darüber die eigentlich politischen Beweggründe versäumt. Auch verherrlicht HÖFLER Ruprechts Deutschtum über Gebühr, worauf schon seine Widmung deutet. HÖFLER spricht nun hier von dem Widerspruch (S. 414) und der Gehaltlosigkeit (S. 432), in die Ruprecht geraten soll, wenn er Gregor preisgiebt, weil er ihn früher anerkannt hat. Das sind doch nichtssagende Redensarten.

Der König wagt nicht, mit dünnen klaren Worten seinen Ständen den Besuch des Pisaner Winkelkonzils zu verbieten [1]).

Seine Werbung ließ er Ende Februar und Anfang März durch Gesandte verbreiten [2]), auch an die Städte. Aber sofort zeigte sich die Richtung der Politik, von der die Städte später nie abwichen; der Rat von Frankfurt sandte Heinrich Welders mit folgender Antwort an den König [3]): wir verstehen nicht viel von der Sache, hoffen aber Beendigung der Kirchenspaltung; sollte dies nicht möglich sein, so wollen wir zum Reiche und König getreulich halten. Und König Ruprecht gab sich damals damit zufrieden.

Am 23. März that er sodann den Schritt [4]), der seine Politik in feste unabänderliche Bahnen lenkte: in Gegenwart hervorragender Männer der Heidelberger Hochschule und einiger Räte des ritterlichen, ihm befreundeten Adels erließ er eine Erklärung, worin er Einsprache erhob gegen die von den Kardinälen berufene Winkelversammlung und an den wahren Papst und ein allgemeines Konzil im Namen seiner selbst, des Reiches, der weltlichen und geistlichen Fürsten und aller, die sich ihm anschließen wollen, Berufung einlegte.

Zwei Tage darauf ward das Konzil von Pisa von den Kardinälen feierlich eröffnet.

Damit war die verhängnisvolle Entwickelung, die die Konzilsfrage in Deutschland genommen, zu ihrem Ende geführt: die beiden Königshöfe standen sich in feindlichen Lagern gegenüber; die Spaltung in der Partei Ruprechts war wieder erweitert, der reichspolitische Charakter der kirchlichen Frage war aufs klarste gekennzeichnet.

---

1) Das Regest bei WINKELMANN, Urkundenbuch II. N. 169 vom 12. Februar 1409, wo von einem Verbot, das Konzil zu beschicken, die Rede ist, darf uns nicht irre führen. Das jenem Regest zu Grunde liegende Aktenstück, eine Abschrift aus dem 17. Jahrhundert, ist nur ein Auszug aus der Gesandtschaftsvollmacht. R. A. VI. 294.

2) R. A. VI. 279 u. 281.

3) R. A. VI. 401. 1 u. 2 vgl. mit 282. Über einen Tag von Bischof und Geistlichkeit in Straßburg, pg. 471. Anm. 2.

4) R. A. VI. 295 vgl. WINKELMANN II. 171.

§ 9. Verhandlungen mit Gregor in Rimini und mit den Kardinälen in Pisa.

Am 12. Februar stellte König Ruprecht seinen Gesandten ihre Beglaubigungsschreiben aus [1]). An ihrer Spitze stand der Erzbischof von Riga, Johannes von Wallenrode, der vornehmste geistliche Würdenträger. Eine Zierde der Gesandtschaft war der bewährte Wormser Bischof, Matthäus de Cracovia, ein Mann von sittlichem Ernst und tief religiöser Gesinnung [2]). Er hatte als berühmter Lehrer der Theologie in Prag und Paris gewirkt; vor 1395 begab er sich nach Heidelberg, wo er ehrenvoll aufgenommen [3]) und später von König Ruprecht mit wichtigen Aufträgen bedacht wurde [4]). 1405 ward er mit dem Bistum Worms betraut [5]): unter dem Schutze des Königs führte er hier den Streit mit der Bürgerschaft zu einem siegreichen Ende [6]). Die Kardinalswürde, die Gregor im September 1408 ihm übertrug [7]), nahm er, soviel wir ersehen können, nicht an [8]). Beigeordnet waren ferner Ulrich von Albeck, der nach einer verdienstlichen Thätigkeit in Ruprechts Kanzlei [9]) vom Papste zum Bischof von Verden befördert worden war und mit dem erwählten Heinrich von Hoya darüber in Streit lag [10]), und Johannes von Winheim, einer der ersten Kanzleibeamten des Königs.

Das geistige Haupt der Gesandtschaft dürfen wir in Konrad

---

1) R. A. VI. 292—294.
2) Vgl. über ihn ULLMANN, Reformatoren vor der Reformation. I. S. 336.
3) TOEPKE, Matrikel I. pg. 59.
4) z. B. im März 1403 sandte ihn Ruprecht zum Papste, um die Bestätigung seiner Wahl zu erlangen. R. A. IV. 82, 83.
5) SCHANNAT, hist. ep. Worm. I. 407. ZORN, Wormser Chronik. ed. ARNOLD. Stuttgart 1857. pg. 158.
6) ZORN, a. a. O. pg. 161—162.
7) CIACONIUS, vitae pontificum ... ed. OLDONIUS II. 770.
8) WALCH spricht sich darüber in der praef. zu de squaloribus aus. (Mon. med. aevi I.) Dietr. III. 39 sagt ausdrücklich: sed noluit acceptare.
9) Er war Protonotar. R. A. IV. pg. 45,15, 46,21, 62,37, 91,28, u. s. w., s. noch V. pg. 688,17.
10) Chronicon Luneburgicum bei LEIBNIZ, script. Brunsvic. III. pg. 197.

Koler erblicken. Aus Soest in Westfalen gebürtig, widmete er sich dem geistlichen Stande. Im Sommer 1387 wurde er unter die Scholaren der jüngst gegründeten Hochschule zu Heidelberg aufgenommen [1]). Dort lebte er in dürftigen [2]) Verhältnissen und legte die gewöhnliche akademische Laufbahn in der Artistenfakultät zurück [3]). Rasch schwang er sich zu Ansehen und Einfluß empor: schon 1397 ward ihm die Ehre der Rektorwahl zu teil [4]). Wiederholt ward er dazu erlesen [5]), Botschaften an den päpstlichen Hof zu bringen. Auch den weltlichen Geschäften stand er nicht fern; er erwarb die Stellung eines öffentlichen Notars und war in Ruprechts Kanzlei beschäftigt [6]). Später wandte er sich den theologischen Studien zu [7]) und erlangte die Würde eines Magisters [8]). Auch schriftstellerisch war er thätig [9]), kurz ein Mann, der sich durch wissenschaftliche Bildung auszeichnete und auch mit dem diplomatischen Verkehr, insbesondere mit den Verhältnissen an der Kurie vertraut war.

König Ruprecht erteilte seiner Gesandtschaft Vollmacht, überall in Italien die Rechte des Reiches geltend zu machen und an allen kirchlichen Versammlungen teilzunehmen. Noch ein drittes Schriftstück [10]) ward ihnen mitgegeben, worin der König seine Bemühungen um den Frieden darlegt, dann hervorhebt, wie Gregor einmütig erwählt worden ist und als Papst gegolten hat, und mit knappen schlagenden Worten das Verhalten der Kardinäle verurteilt, zuletzt seinen Entschluß kund giebt, eine rechtmäßige allgemeine Kirchenversammlung zu unter-

1) Toepke, Matrikel I. pg. 18.
2) Toepke II. pg. 362.
3) 1391. licentiatus.
4) Toepke II. pg. 608 f.
5) Toepke I. pg. 84 im Oktober 1401; schon vorher 1400, s. Winkelmann, Urkb. II. Reg. 118.
6) R. A. III. pg. 260,14 f. R. A. IV. 1.
7) 1402 ist er baccalaureus der Theologie. Chmel, Reg. Rup. N. 1125. Dort wird er vorgeschlagen zum Canonicus der Marienkirche in Speier, 1407: lic. Toepke II. Anh. 6. pg. 587.
8) So erscheint er in der Vollmacht: R. A. VI. 292.
9) Trithemius erwähnt: quaestiones notabiles theologicae, de diversis materiis in scholis agitata, Reden.
10) R. A. VI. 294.

stützen, das Afterkonzil der Kardinäle für null und nichtig anzusehen. Er bevollmächtigt sie, in Pisa zu erscheinen und gegen alles, was auf der Versammlung vorgeht, Einspruch zu erheben, alle, insbesondere die Unterthanen des römischen Reiches zu ermahnen, den Kardinälen keinen Beistand zu leisten, auch die Obrigkeiten seiner Städte Florenz und Pisa davon abzubringen, überdies vom Konzil zu appellieren.

Die Gesandten verzogen noch eine Weile in Heidelberg. Am 14. erhielten sie Vollmacht, mit Udine in Verhandlung zu treten [1]): Ruprecht traf also schon jetzt Fürsorge, dem Papste die Abhaltung seines Konzils zu erleichtern. Dann brachen sie auf und begaben sich zuerst nach Rimini zu Gregor [2]).

Dieser hatte die Absetzung der Kardinäle sofort nach Ablauf der ihnen gestellten Frist am 14. Januar verfügt [3]). Jetzt schritten auch die Florentiner, obschon immer noch zögernd, zur Aufkündigung des Gehorsams [4]): man erklärte

---

1) R. A. VI. 302.

2) Über die ganze Reise der Gesandten haben wir den durchaus ehrlichen Bericht des Königs, R. A. VI. 283, der sich in dem, was er bietet, als recht zuverlässig erweist, selbst da, wo man leicht zweifeln könnte, z. B. wenn König Heinrich von England noch in der Obedienz Gregors dargestellt wird. Wirklich scheint dieser die Obedienz erst später, nach Alexanders Wahl, Gregor entzogen zu haben. Dies nur als Beispiel. Freilich begnügt sich dieser Bericht an einigen wichtigen Punkten, z. B. bei den Verhandlungen zwischen Gesandten und Papst ... mit allgemeinen Redensarten, wo vermutlich mehr gesprochen worden ist. Auch das Auftreten der Gesandten am 15. April und weiterhin bis zur Abreise ist ungenau und lückenhaft erzählt. Dem zuerst gerügten Mangel läfst sich leider durch ergänzende andere Darstellungen nicht abhelfen. Was Dietrich, de schism. III. 39 sagt, ist gehässig, ganz im Sinne der Kardinalspartei, obendrein fehlerhaft. Dietrich war weder in Rimini noch in Pisa. Doch darf man nicht sagen, dafs er, der begeisterte Verfechter des Kaisertums, sich selbst untreu geworden sei, wenn er jetzt auf Ruprecht schmäht. Dietrich sah in Ruprechts Auftreten zu Pisa, in seinem starren Festhalten an dem ketzerischen Errorius einen Akt schimpflicher Schwäche, der Deutschland in den Augen des Auslandes herabsetzen mufste. Auch hier führte Dietrich, neben dem kirchlichen Parteiinteresse, die Bewunderung der Grofsthaten Ottos die Feder.

3) Mansi XXVII. pg. 73.

4) s. Eslka, Historisches Taschenbuch für 1889. S. 213 ff.

schließlich ¹), die Giltigkeit der Obedienzentziehung erst eintreten zu lassen, wenn der Papst bis zum 26. März nicht in Pisa erscheine oder geeignete Maßregeln zur Herstellung der Kircheneinheit treffe. Gregor, der von den Florentinern erst geschützt und dann so lange getäuscht worden war, sah in ihnen jetzt seine grimmigsten Feinde. Venedig setzte die Vermittelungspolitik fort und lehnte darum seine Bitten um Beförderung nach Friaul ab ²).

Die Gesandten Ruprechts, welche um die Mitte März an der Kurie ankamen ³), baten in öffentlichen Verhandlungen, wie bei geheimen Unterredungen, mit Gründen aus der heiligen Schrift und Beispielen aus der Geschichte den Papst, doch alles zu thun, um nicht als der Schuldige zu erscheinen, wenn die Einheit der Kirche nicht zu stande käme. Dieser stellte sich auf den Boden des Anerbietens, welches Antonio in Frankfurt gethan hatte, schlug aber sofort die Städte vor, über die er mit Malatesta sich besprochen hatte. Es handelte sich eben nur um eine gütliche Vereinbarung mit den Kardinälen im Sinne der Denkschrift Malatestas, nicht um eine selbstherrliche Entscheidung des römischen Königs. Nach Pisa sich in die Hände der Kardinäle oder der Florentiner zu begeben, lehnte der Papst ab. Ruprechts Gesandte beschieden sich mit dieser Erklärung und reisten nach zehntägigen Verhandlungen nach Pisa weiter.

Unterwegs zogen sie Erkundigungen über die Ereignisse des Vorjahres ein. Von den Florentinern ward ihnen bestätigt ⁴), daß Pisa mehr als zwei Monate nach dem berüch-

---

1) Mansi XXVII. 432. C.
2) R. A. VI. pg. 345,22 ff.
3) Wir gewinnen folgende Datierung: vgl. R. A. VI. pg. 474. Anm. 1. Am 21. April gingen die Gesandten wieder von Pisa weg (pg. 476,1); über drei Wochen verweilten sie dort (pg. 474,25), kamen also noch im März an. Auf dem Wege von Rimini nach Pisa hielten sie sich mehrfach auf, in Rimini selbst waren sie zehn Tage geblieben, also wohl kurz vor Mitte März angekommen. Am 18. März gewährte Gregor, jedenfalls mit dem Zuthun der Gesandten, Ruprecht das Patronats- und Präsentationsrecht des Heiligengeiststiftes zu Heidelberg. Regest bei Winkelmann, Urkundenbuch II. N. 172. Man sieht, Gregor sparte nicht kleine Gefälligkeiten.
4) R. A. VI. 283. Art. 4 ᵈ. Davon wird sofort Gebrauch gemacht in der Appellation, pg. 509,5.

tigten 24. Juni den Kardinälen überlassen worden sei. Der Herr von Lucca versicherte, daß die Nachrichten von Gewaltmaßregeln, die der Papst geplant habe, unwahr seien.

In den letzten Tagen des März trafen die Gesandten in Pisa ein. Das Konzil war am 25. mit einer gottesdienstlichen Feier eröffnet worden. Am folgenden Tage hielt man die erste eigentliche Sitzung ab: eine Erklärung ward verlesen, daß das Konzil die Lehren der Kirche unverbrüchlich festhalte; die Beamten und Sachwalter wurden ernannt. Vor der Kirchenthür rief man sodann die Namen der vorgeladenen Päpste aus. Natürlich zeigte sich niemand. Aber die Erklärung ihrer Hartnäckigkeit ward erst in der dritten Sitzung am 30. März genehmigt, die Einleitung eines Verfahrens gegen sie angeordnet und die Sitzung auf den 15. April, weil das Osterfest die Geschäfte unterbrach, vertagt.

In der nächsten Zeit fanden sich immer neue Teilnehmer ein[1]), zumeist aus Frankreich und Italien, auch die Boten der Kardinäle, die in der Sakristei der Martinskirche über ihre Erfolge Bericht erstatteten[2]). Von Bologna, wo Balthassar Kossa Kriegsrüstungen betrieb, kamen die Kardinäle von Mileto und Ravenna, auch Landulf (4. April)[3]), der von seinen Siegen in Deutschland erzählen konnte, wie Wenzel gewonnen und Ruprecht wenig zu fürchten sei.

Inzwischen zog von Süden eine schwere Gefahr herauf. König Ladislaus war am 12. März in Rom eingezogen und bald darauf mit starker Heeresmacht nach dem Norden aufgebrochen[4]). In Florenz und Pisa fürchtete man, er möchte durch einen kühnen Kriegszug die Bischöfe und Gelehrten auseinanderjagen. Die Florentiner ließen am 8. März bei den Kardinälen Vorstellungen machen, doch ja dem Könige keinen

---

1) MANSI XXVII. 831 ff. Dies Verzeichnis giebt aber nicht die Tage an, wo die Teilnehmer des Konzils die Stadt Pisa erreicht haben, sondern diejenigen, wo sie sich bei dem dazu bestellten Ausschuſs (pg. 338) angemeldet haben. In einzelnen Fällen ist die Anwesenheit in Pisa früher nachweisbar. Vgl. Diss. S. 78.
2) ERLER, Anh. XVIII. 33.
3) Cronica di Bologna, MURATORI XVIII. 596; auch MANSI a. a. O. pg. 338 f.
4) ERLER, Hist. Taschenbuch VI. (1889) 215—218.

Grund zur Beschwerde zu geben und schickten am 27. ihm selbst Gesandte mit Entschuldigungen entgegen. So lag eine drückende Schwüle über dem Beginn der Konzilsverhandlungen.

Unter solchen Umständen unternahmen es die Gesandten Ruprechts und andre Freunde des Einheitskonzils, eine Vermittelung zwischen Papst und Kardinälen zu erwirken. Man beging den Fehler, vereinzelt in die Unterhandlung einzutreten, statt auf die fest in sich geschlossene Gegenpartei mit größerem Nachdruck einen gemeinsamen Ansturm zu eröffnen. So wurde jeder Einzelangriff abgeschlagen. Wahrscheinlich ist, daß Wilhelm de Prata, Sigmunds Gesandter, wie auch Venedigs Vertreter in Pisa nochmals im März für das gemeinschaftliche Konzil sich bemüht haben [1]). Malatesta empfahl den Vermittelungsvorschlag in einer ausführlichen Denkschrift [2]); am 10. April kam er selbst im Auftrage des Papstes [3]), einer jener Herren Italiens, die in der Zeit des aufblühenden Humanismus Feldherrntüchtigkeit mit wissenschaftlicher Bildung verbanden, und führte mit den Kardinälen langwierige Verhandlungen [4]).

Ganz ähnlich wie Malatesta verhandelten auch Ruprechts Gesandte zuerst mit einzelnen Kardinälen [5]), dann mit allen, die zur römischen Obedienz gehört hatten; endlich wurden sie vor das vereinigte Kollegium geführt. Sie betonten vor allem, daß der König ernstlich gewillt sei zur Herstellung der Einheit, und stellten ihnen bescheiden, aber voll Eifer vor, daß

---

1) Am 21. Febr. beschliefst der Rat in Venedig nochmals Gesandte zu schicken R. A. VI. pg. 345,19 ff. Sigmunds Absicht wurde am 22. Febr. in Wien kundgethan, KINK, Gesch. d. Un. I. 2. Beil. XIV. 6. pg. 37. Am 7. Febr. war sein Gesandter in Venedig. R. A. VI. pg. 345,10 ff. Die Nachrichten über wirklich erfolgte Gesandtschaften R. A. VI. 370. Glosse 108 und MANSI XXVII. pg. 250 D können sich freilich auch auf die früheren im Herbst 1408 beziehen.
2) MANSI XXVII. 226 ff.
3) R. A. VI. pg. 332,28.
4) MANSI XXVII. 245—298.
5) Über die Thätigkeit der Gesandten vor der Sitzung am 15. April giebt uns fast nur der Bericht Ruprechts Aufschlufs; daneben der Bericht des Cod. I. 176 b der Bibliothek von Hannover, s. R. A. VI. pg. 332, vom Standpunkt der Kardinäle; er dient zur Bestätigung und Ergänzung des königlichen.

ihre Versammlung und ihr Verfahren nicht zu einer wirklichen Einigung der Kirche führen würde, sondern nur zu schlimmerer Zwietracht und neuen Irrungen. Sie baten, sich zu einer andern Stadt zu verstehen und ihre Versammlung für eine kurze Frist zu vertagen, um dort gemeinsam mit dem Papste das Konzil abzuhalten. In Vorschlag wurden wieder Mantua, Forli und Bologna nach Entfernung des Kardinallegaten gebracht [1]). Auch versicherten sie, wenn der Papst sein Anerbieten nicht erfülle, würde sich der König zu ihnen bekennen. Sie begründeten dies ausführlich wiederum mit Beweisstellen der alten Schriften und geschichtlichen Beispielen. Besonders wiesen sie darauf hin, daß die Kardinäle, wenn einmal der Papst zur Abdankung verpflichtet wäre, erst recht schuldig seien, kleine Zugeständnisse zu machen, um großes Unheil zu verhüten, zumal sich ihre Versammlung so wie so in die Länge ziehe. Die Kardinäle wollten jedoch von einer Änderung des Ortes nichts wissen. Den deutschen Gesandten diplomatisch entschieden überlegen, verstanden sie es vermutlich, die Frage der Ortsveränderung beiseite zu schieben und die Frage der Rechtmäßigkeit ihres Konzils, der Abdankung Gregors oder seiner Entschädigung in den Vordergrund zu rücken. Daher blieben alle Versuche der Gesandten, die Kardinäle umzustimmen, erfolglos.

Als man nun mit einigen Kardinalen der römischen Obedienz sprach und nach dem Grunde dieser beharrlichen Weigerung fragte, erwiderten jene, die römischen Kardinäle wären schon bereit, darauf einzugehen; aber die französischen wollten es nicht thun [2]). Die Gesandten fragten nun, warum sie es nicht durch einen Beschluß in der Versammlung zum Austrag brächten, da sie doch über die Stimmenmehrheit verfügten. Die Kardinäle antworteten, daß die Geistlichen aus den florentinischen Gebieten sich nicht darauf einlassen dürften [3]). So zogen sich die Verhandlungen etwa zwei Wochen hin. Die Kardinäle machten auch den Gesandten das Anerbieten, Ruprecht solle der mächtigste Kaiser seit langer Zeit werden, wenn er

---

1) Der Bericht R. A. VI. pg. 332 spricht noch von mehreren Bedingungen, ohne sie namhaft zu machen.
2) Ganz ähnlich MANSI XXVII. pg. 279 B, vgl. 268.
3) Bestätigt durch MANSI XXVII. pg. 271.

sich zu ihnen halte. Sie aber erwiderten, daß es Ruprecht nur um eine wirkliche Kircheneinigung zu thun sei [1]).

Inzwischen setzten sie ihre Forschungen über den Thatbestand fort. Sie hörten viel von Bestechung: so sei an Florenz eine Summe von zweihunderttausend Gulden gezahlt worden und der Erlaß der Zinsen für ihre der Kirche gehörigen Güter in Aussicht gestellt [2]); und dergleichen mehr. Sie erfuhren, daß die Gegenkardinäle ihrem Papste den Gehorsam noch nicht eigentlich entzogen hätten [3]), ja daß man diesen erwählen wolle. Der Geschäftsgang beim Konzile bestärkte sie in ihrer Ansicht, daß der freien Entschließung der Versammlung vorgegriffen sei: die Angelegenheiten wurden in geheimer Beratung der Kardinäle mit wenigen erledigt und die Vorschläge in der allgemeinen Sitzung ohne wesentlichen Widerspruch angenommen [4]). Auch die Zusammensetzung der Teilnehmer am Konzil ließ es nicht als eine Vereinigung der ganzen Christenheit erscheinen: in der That waren fast nur Frankreich und Italien vertreten; aus Deutschland waren nur Gesandte der Bischöfe von Brixen und Johannes von Lüttich, eines Wittelsbachers, (10. April) eingetroffen. Andre standen in Aussicht, hatten aber Pisa noch nicht erreicht [5]).

Alle diese Wahrnehmungen kräftigten bei den Gesandten die Überzeugung, daß Papst Gregor zum Nachgeben gern bereit wäre, die Kardinäle hingegen auf ihren schlechten und gefährlichen Wegen verharrten und nur darauf ausgingen, einen neuen Papst aufzustellen.

---

1) Ob sich die Verhandlungen über Zugeständnisse der Kardinäle an Ruprecht wirklich auf diesen Austausch von Redensarten beschränkt hat, muſs dahingestellt bleiben.

2) Wenzel muſs in seinem Vertrag R. A. VI. 321. Art. 4 besonders versprechen, das Gebiet der Florentiner zu schonen.

3) Wirklich weigern sich in der achten Sitzung am 10. Mai einige Kardinäle (Mansi XXVII. pg. 127, 366), der vorgeschlagenen Erklärung der Obedienzentziehung sofort beizustimmen.

4) Auch dies wird durch die Sitzungsberichte bestätigt; ein sprechendes Beispiel Mansi XXVII. pg. 365 f.

5) Mansi XXVII. pg. 248 E. Mon. St. Dionys. Chron. Car. VI. lib. XXX. cap. 3. pg. 216.

§ 10. Das Auftreten der Gesandten im Konzil.

Als nun der Tag der vierten Sitzung, Montag der 15. April, kam, beschlossen die Gesandten noch in der Versammlung selbst einen Versuch zu wagen [1]). Sie legten aber nicht ihre feierlichen, geistlichen Kleider an und setzten sich auch nicht mitten unter die andern, um schon äußerlich zu zeigen, daß sie das Konzil nicht anerkannten.

In den Morgenstunden des genannten Tages ward in der Kathedrale die Messe gefeiert. Die Kardinäle saßen vereint in

---

1) Aufser den schon besprochenen Berichten Ruprechts R. A. VI. 283, Dietrichs, de schism. III. 39, des Hannoveraner codex R. A. VI. pg. 332 haben wir für das Auftreten der Gesandtschaft im Konzil und ihre Thätigkeit bis zur Abreise noch folgende: zunächst die Sitzungsberichte. Der ausführlichste, der namentlich die offiziellen Kundgebungen im Konzil am genauesten wiedergiebt, ist der einer Lütticher Handschrift entstammende MARTÈNE et DURAND, ampl. coll. VII. 1078 = MANSI XXVII. 358 ff. Die sessio III. enthält Dinge, die in der 4. (15. April) erst vorgekommen sind; die Verwirrung ist wohl deshalb entstanden, weil die Sitzungen im März nicht ordentlich gezählt werden. Der Bericht einer Wiener Handschrift (zuerst gedruckt bei v. D. HARDT, Magnum concilium Constantiense II. 2, 104 f.) ist wertvoll durch Mitteilung besonders der Sondersitzungen (= MANSI XXVII. pg. 122 ff.). MANSI XXVI. 1187 ff. (nach D'ACHÉRY, Spicilegium VI. 261 ff. nach Handschriften aus Jumièges (Rupertus de Bavaria, in regem Rom. electus). Viel kürzer ist der Bericht MANSI XXVI. 1138 f., dem eine Pariser Handschrift zu Grunde liegt. Über Ruprechts Stellung ist sich der Verfasser nicht klar gewesen: Ruperti de Bavaria, s. sedis imperatoriae electoris, dann ambass. imperatoris, dann wieder Rup. de Bavaria. Ungenau ist auch: quo termino pendente praef. amb. secunda die recesserunt. Diese vier Berichte entstammen der Feder von Anhängern der Konzilspartei, wohl meist von Ohrenzeugen. Ihr Urteil ist natürlich nicht mafsgebend, doch was sie sagen, ist im ganzen zuverlässig.

Der beste Bericht ist der des chronicon des Cornelius Zantfliet, bei MARTÈNE et DURAND ampl. coll. V. 395, kurz, aber die Hauptpunkte schärfer treffend als alle andern. Wertvolle Ergänzungen bietet das Chronicon Kar. VI. des Mönchs von St. Denis. lib. XXX. cap. 3 (tom. 4 bei BELLAGUET), auch bei MANSI XXVII. 5 ff. nicht eben gut gedruckt. Die Berichte bei KÖNIGSHOFEN (Städtechroniken IX. pg. 612—615) und JOHANN VON POSILGE (Scriptores rerum

festlicher Tracht auf dem Altarplatz, das Gesicht den Prälaten im Schiff zugewandt. Nach Beendigung der Messe legten sie den Schmuck ab. Gesänge und Gebete an Gott, alle Feinde der Kirche zu demütigen und die heilige Versammlung zu leiten, folgten. Nach Schluß des Gottesdienstes ward allen, die kein Recht hatten, an den Beratungen des Konzils teilzunehmen, befohlen, hinauszugehen. Dem wurde entsprochen.

Nun erhob sich Konrad von Soest; er bat um Gehör, um der Versammlung die Absichten des römischen Königs in der Kirchenfrage vorzutragen. Die Kardinäle schickten Notare aus, um zu fragen, ob die Versammlung geneigt sei, ihm Gehör zu schenken; einstimmig ward die Genehmigung erteilt.

Darauf bestieg Bischof Ulrich von Verden das inmitten der Kirche befindliche Redepult: „Friede sei mit Euch" nahm er zum Thema seiner Rede; er führte aus, wie er gekommen sei, um Friede und Versöhnung zwischen Papst und Kardinälen zu stiften. Dann betonte er, daß sie von Ruprecht, dem römischen Könige, gesandt seien und legte Artikel, dubia, gegen die Pisaner Versammlung vor, nicht um eine Debatte darüber hervorzurufen — sondern, wie anzunehmen ist, um die rechtliche Grundlage für die zum Schlusse ausgesprochenen Forderungen des Königs zu gewinnen.

Diese „Bedenken" beruhen durchaus auf den Postillen, deren Hauptgedanken sie kurz und dürftig wiedergeben unter Weglassung aller politischen Erörterungen. In der Einleitung

Prussicarum III. 298 f.) sind nur abgeleitet und verdienen keine Berücksichtigung.

Der Brief des Abtes von Saint Maxence an den Bischof von Poitiers (MONSTRELET, Chroniques, livre premier, cap. 55. pg. 149) bietet sehr wenig. Der Schreiber zeigt mehr Interesse für die erbaulichen Predigten, die gehalten worden sind, als für die kirchenpolitischen Vorgänge. Die Zeitangaben sind völlig unzuverlässig, da der Verfasser eine ganze Reihe Versehen begeht. Datiert er doch seinen Brief vom 4. Mai, während er die Ereignisse bis zum 23. führt. Ruprechts Gesandte sollen in der Osterwoche erschienen sein; Malatesta erst in der Woche nach Quasimodogeniti; die Sitzung wird vom 24. April auf den 27. statt den 30. vertagt (pg. 151), die siebente findet bei ihm am 2. Mai statt am 4. statt.

Endlich sind die Aktenstücke R. A. VI. 296 und 297 zu erwähnen. R. A. VI. 297. 16 findet sich auch einiges über die Sitzung vom 15. April gesagt.

wird der Überzeugung Ruprechts Ausdruck verliehen, daß eine wirkliche Einheit der Kirche weder durch das Konzil Gregors noch durch die Versammlung der Kardinäle erreicht werden könne. Zuerst wird nur die Frage der Obedienzentziehung aufgeworfen. Der Widerspruch in den Kundgebungen der Kardinäle wird hervorgehoben, ebenso die Ordnungslosigkeit ihres Verfahrens, genau wie in den Postillen (Art. 1—2); ihre Vernachlässigung des römischen Königs wird getadelt, ihr Recht, andere zur Obedienzweigerung aufzufordern bestritten (3—4). Ein Grund, Gregor den Gehorsam zu versagen, ist vor einem ordentlichen Spruche nicht vorhanden (5—9). Zweitens wird die Berufung des Konzils durch die Kardinäle angegriffen. In den Vordergrund gerückt wird wieder die Datumsfälschung und die frühere Veröffentlichung der päpstlichen Konzilsbulle (10—13). Gründe rein äußerlicher Art sind noch folgende: die Versammlung ist an einem Feiertag sowohl angesagt als auch eröffnet worden, was für eine Gerichtsverhandlung ungehörig ist (18); sie ist von vornherein beschränkt (20); der Termin ist zu kurz (23). Gründe mehr rechtlicher Natur sind: die Berufung gebührt Gregor, dessen Recht auf die Papstwürde sie selbst anerkannt haben (14—16). In Pisa vor seinen Feinden als Richtern zu erscheinen ist der Papst nicht verpflichtet (17); die Kardinäle sind für die Berufenen nicht zuständig (19). Um Gregor von der Schuld des Eidbruches frei zu sprechen, wird bemerkt, daß er ohne die Abdankung Benedikts nicht verpflichtet war oder ist, Verzicht zu leisten (21, 22). Drittens endlich wird die Rechtmäßigkeit der Vereinigung der beiden Kollegien angezweifelt (24). Darum wird eine Zusammenkunft an einem dritten Orte vorgeschlagen: dort soll Gregor seine Gelübde erfüllen und die Einheit hergestellt werden. Wenn er dies nicht ausführt, wird Ruprecht mit allen Kräften den Kardinälen beistehen. Dem wird die inständige Bitte angeschlossen, um Unheil und Verderben zu verhüten, den kleinen Verzug und die Änderung des Ortes zu gewähren.

Man wird Ulrichs Sprache gewiß bescheiden, auch einfach und sachlich finden, eher ängstlich als kraftvoll [1]; treten doch

---

[1] HEFELE, Conc.gesch. VI. S. 861 meint, dafs die Bedenken einen sehr üblen Eindruck machen mufsten und dafs eine mildere

alle Einwände nur als Bedenken auf. Aber den Kern des Streites traf er in keiner Beziehung; das meiste blieb äußerlich, flach und matt.

Die Kardinäle ließen durch den Kardinal von Palestrina, den ältesten unter ihnen, die Gesandten auffordern, während der Beratung über die vorgetragenen Artikel sich zurückzuziehen. Dem leisteten jene Folge in der Erwartung, nun eine endgiltige Antwort zu erhalten. Die Versammlung beschloß darauf, noch gar keine Erklärung abzugeben, sondern die Vollmachten des Königs und eine schriftliche Aufzeichnung der Bedenken sich aushändigen zu lassen. Dies war ein feiner diplomatischer Schachzug: anstatt sich auf die Frage der Ortsveränderung einzulassen, sah man es auf eine gelehrte Widerlegung der dubia ab, als ob man die Gesandten selbst zur Teilnahme an der Pisaner Versammlung bewegen wolle. So konnte man jeden Zweifel, der etwa in ängstlichen Gemütern aufgetaucht war, niederschlagen, jedenfalls die Gesandten hinhalten und unliebsame Maßregeln der Partei Gregors verschleppen.

Als man nun den Gesandten diesen Bescheid mitteilte und versicherte, man werde sie völlig aufklären, da weigerten sie sich anfangs, eine solche Antwort anzunehmen: natürlich lag ihnen nichts daran, ihre Bedenken durch Rechtsgründe gehoben zu sehen. Sie erklärten überhaupt, in keine Erörterung eintreten zu wollen [1]) und sträubten sich, die dubia zu übergeben. Als man aber mit Gründen in sie drang, ließen sie sich schließlich zu dem Versprechen herbei, sie am folgenden Tage schriftlich in die Hände der Kardinäle niederlegen zu wollen. Eine ausführliche Antwort ward den Gesandten in Aussicht gestellt und zwar für die folgende Sitzung. Über die Hauptfrage, die Ortsveränderung, ließen sich die Kardinäle auf gar keine Auseinandersetzung ein. Darauf wurden mehrere abgeordnet zur Prüfung der dubia; auch sollten die Kardinäle

---

Fassung und Sprache gar wohl erwünscht gewesen wäre. Aber verletzende Ausdrücke sind doch thunlichst vermieden, ja man sieht das Bemühen in den Artikeln, die Gegner möglichst schonend zu behandeln.

1) ZANTFLIET, chron. a. a. O.: allegantes, quod materiam disputationis nolebant intrare.

einige von sich auswählen, um sodann für eine geziemende Antwort Sorge zu tragen¹). Als die Gesandten die Kirche verließen, soll es zu Streitereien unter ihnen gekommen sein.

Noch ward in dieser Sitzung unter den früher beobachteten Förmlichkeiten die Hartnäckigkeitserklärung gegen die Päpste und die ihnen noch anhängenden Kardinäle erneuert. Die Sitzung ward hierauf auf den 24. April vertagt und als Tagesordnung die Antwort an Ruprechts Gesandte festgesetzt. Am andern Morgen versammelten sich mehrere Kardinäle in einer Kapelle der Martinskirche. Konrad von Soest erschien und überreichte ein Schriftstück, welches die von Ulrich von Verden vorgetragenen dubia enthielt²), auch die Vollmacht seines Königs, die für alle Kirchenversammlungen galt. Man nahm von den Artikeln eine beglaubigte Abschrift öffentlich in Anwesenheit mehrerer Zeugen.

Auch Karl Malatestas langwierige Unterhandlungen blieben fruchtlos. Die Kardinäle zeigten Mißtrauen in die Redlichkeit der Absichten des Papstes; sie befürchteten die Auflösung des Konzils von einer Vertagung und glaubten weder den anwesenden Teilnehmern die Mühen und Kosten einer Ortsveränderung zumuten, noch die erwarteten oder Benedikt, der ja nur auf Seeorte sich einlassen wollte, täuschen zu dürfen. Keine Partei wollte Zugeständnisse machen, die die andere befriedigte.

Die Gesandten Ruprechts konnten sich also davon überzeugen, daß die Pisaner nicht auf das Einheitskonzil eingehen würden. Ihre Aufgabe konnten sie also nicht lösen. Darum entschlossen sie sich kraft der ihnen vom Könige erteilten Vollmacht zu einem letzten Schritt, bevor sie abreisten. In den frühesten Morgenstunden des 19. April legte Konrad Koler in der Dominikanerkirche der heiligen Katharina in Gegenwart mehrerer Zeugen, meist deutscher Kleriker oder Ritter, mit aller Feierlichkeit Berufung gegen die Pisaner Versammlung ein. Dieses Schriftstück³), unterzeichnet von drei öffentlichen kaiserlichen Notaren, schlug er an die Kirchthür an⁴).

---
1) Mansi XXVII. 362 D.
2) R. A. VI. pg. 491,11 ff. R. A. VI. 296. pg. 503,5 ff. s. auch Mansi XXVII. pg. 123.
3) R. A. VI. 297.
4) Zantfliet, chron. a. a. O. Raynald. ann. eccl. 1409. § 13.

Der Inhalt dieser Appellation geht über die dubia nicht
hinaus, nur daß alles in größerer Breite und schwungvoller
Darstellung vorgetragen und zu dem Behuf manches unwesent-
liche aus den Postillen ergänzt wird. Koler geht von der Wahl
Gregors zum wahren Papst aus [1]), bespricht dann die Obedienzentziehung der Kardinäle in der bekannten Weise; er wirft
ihnen ihr unwürdiges Benehmen vor, Gregor, ohne daß er einer
Verschuldung überführt wäre, in der ganzen Christenheit zu
verleumden und zu verlästern, die verfluchten französischen
Ketzer als Kardinäle zu behandeln und die ganze Obedienz,
besonders das treue Deutschland, dem Papste abspenstig zu
machen. Breit führt er dann aus, wie Gregor sein Konzil berufen, wie sie ihm eine Winkelversammlung entgegengestellt
und böswillig das Datum des Ausschreibens gefälscht haben.
Was sonst gegen die Konzilsberufung der Kardinäle in den
Artikeln beigebracht war, wird wiederholt. Zum Schluß bringt
Koler noch einmal die Forderung des Einheitskonzils und be-
schwert sich, daß die Kardinäle auf die Artikel vom 15. April
jede Verhandlung über die Ortsveränderung verstockt und
leichtfertig ausgeschlagen haben. Darum erklärt er mit unge-
heurem Wortschwall die Pisaner Versammlung für ein Winkel-
konzil und alles, was darauf vorgeht, für ungiltig, im Namen
des römischen Königs als des Schirmvogtes der Kirche, dem es
gebührt, sie vor Verwirrung und Zerstörung zu bewahren, der
Fürsten und überhaupt aller, die sich ihm anschließen wollen,
und beruft sich — nicht wie in der Heidelberger Erklärung
auf den wahren Papst — sondern auf Jesus Christus selbst
und eine künftige allgemeine Kirchenversammlung.

Wir müssen fragen, was denn Konrad von Soest mit dieser
Appellation bezweckte. Denn davon konnte füglich nicht die
Rede sein, daß die Kardinäle nun von ihrem Beginnen überhaupt abstehen würden. Sollte sie nur der Ausdruck dafür
sein, daß der römische König die rechtlichen Voraussetzungen
des Pisaner Konzils nicht anerkannte, gewissermaßen die Recht-

---

[1] Der Anfang der Appellation lehnt sich an die Vollmacht
R. A. VI. 294 an. Die Vermutung Weizsäcker's, pg. 332,4 ff.,
dafs ihnen die Appellation vom 23. März zur Hand war (295) erledigt sich damit, dafs diese zum grofsen Teil den Text der Vollmacht wiederholt.

fertigung seiner ablehnenden Haltung? Gewiß war auch dies beabsichtigt; aber sie bedeutete entschieden mehr. Für Pisa selbst hatte sie den Charakter eines Ultimatums: die Gesandten sagten damit rund heraus, daß sie von der tagenden Versammlung nichts wissen wollten, also auch nicht von einer rechtlichen Widerlegung ihrer dubia, und stellten die Kardinäle vor die Wahl, entweder auf die Teilnahme des römischen Königs zu verzichten oder auf Grund des Einheitskonzils, also der Ortsveränderung weiter zu verhandeln. Ferner geht aus den späteren Äußerungen Ruprechts [1]) hervor, daß er wirklich das Recht in Anspruch nahm, gerade wie er früher die Berufung für gewisse Fälle sich vorbehalten hatte, als römischer König die Giltigkeit der Versammlung zu nichte zu machen, so wenig er auch gewillt war, Beschlüsse eines als rechtmäßig anerkannten Konzils anzutasten. Wir sehen also — und das ist das Merkwürdige an dem Vorgang — wie Ruprecht, der ja eine hohe Meinung von seinem königlichen Berufe oft an den Tag gelegt hat, den Versuch macht, Rechte des römischen Königs gegenüber einem Konzile zur Geltung zu bringen. Endlich sollte den üblen Folgen, die man vom Endergebnis des Pisaner Konzils, natürlich wegen des vorwiegend französischen Einflusses, erwartete, dadurch vorgebeugt werden, daß seine Maßnahmen von vornherein rechtsunkräftig, also für Ruprecht nicht verbindlich, gemacht wurden [2]).

Den unmittelbaren Anstoß zur Appellation dürfen wir nur

---

1) R. A. VI. 286. 1^d: nec nos illam congregacionem reputamus nec de iure reputanda est fuisse concilium generale, cum per nos tanquam regem Romanorum precipuum ecclesie advocatum et pro parte nostra fuerit ex pluribus legitimis causis tempestive, manifeste et racionabiliter reclamatum, ac etiam ex variis racionibus convincitur de iure minime processisse. Vgl. Replik, R. A. VI. 301. Art. 11. pg. 562,5 ff.: et posito, quod unicus indubitatus papa convocaret concilium generale, nonne Romanorum rex precipuus ecclesie advocatus ex incongruitate loci et temporis aliisque circumstanciis posset reclamare u. s. w.

2) R. A. VI. 301,11: Romanorum rex . . . ineptitudinem loci temporis . . . aperire voluit, ne expost facto sub nomine concilii generalis, cui, ubi legitime esset congregatum, colla sua submittere non recusaret, sancte Romane ecclesie et sacro Romano imperio vel sibi aut subditis suis prejudicium generaretur . . .

im Scheitern der Vermittelungsverhandlungen erblicken, daran ist, so viel sich aus den Quellen ersehen läßt, nicht zu denken, daß etwa die Stellung der Kardinäle zu Wenzel der Anlaß gewesen ist [1]). Allerdings war damals schon die bevorstehende Ankunft seiner Gesandten in Pisa bekannt; Ruprecht aber, beziehungsweise seine Gesandten, hat erst später von der Anerkennung Wenzels erfahren [2]).

Ohne Zweifel hat die Einsprache des römischen Königs, die einen vollen Erfolg des Konzils von vornherein vereitelte, ihren Eindruck auf die Teilnehmer nicht völlig verfehlt, wie uns diejenigen glauben machen wollen, die nur Hohn und Spott als die Antwort darauf bezeichnen [3]). Vielmehr nahm man sie durchaus ernst und suchte auf alle mögliche Weise die angeregten Zweifel zu ersticken, sodaß gerade das Auftreten der Ruprechtschen Gesandtschaft Anlaß für die Pisaner geworden ist, ihre Berechtigung ausführlich zu begründen [4]).

---

1) So HÄBERLEIN S. 508, HEFELE S. 861. Die schöne Szene, die BINTERIM S. 13 uns vorführt — die Gesandten des Kaisers Ruprecht staunten indessen nicht wenig, als sie in dem Sitzungssaal des Conciliums auch des Wenzels Gesandten erblickten, denen gleiche Sitze, wie ihnen, angewiesen waren — ist lediglich eine Eingebung seiner Einbildungskraft. HÄUSSER, Gesch. d. rhein. Pfalz I. 252 sagt gar, man habe seinem Gesandten erklärt, man erkenne Wenzel als rechtmäfsigen König an.

2) R. A. VI. 283. pg. 476,2 „denselben schribent die cardinale und haltent yn nu, sijd dafs unser herre der kunig yn nit folgen und yren wegen nachgen wil, fur ein Romischen kunig". Vorher steht, dafs Wenzels Botschaft erst nach der Abreise der Gesandten Ruprechts in Pisa angekommen sein soll. Das Ganze verlautet also nur gerüchtweise. Gewifs würde Ruprecht nicht unterlassen haben, das Verfahren seiner Gesandten mit diesem triftigen Grunde zu rechtfertigen, wenn sie ihn gehabt hätten. Von dem Vertrage Landulfs mit Wenzel hat Ruprecht sichtlich erst aus der Abschrift des Vertrags vom 8. Juni 1409 (R. A. VI. Art. 6) R. A. VI. 371. pg. 702,19 erfahren.

3) Dietr. de schism. III. 39. SAUERLAND, Hist. Zeitschr. Bd. 57. (n. F. 21) S. 272 sagt ihm das mit Unrecht nach.

4) Dies meint wohl auch CORN. ZANTFLIET, chron., wenn er sagt, dafs sie zufällig in der Hauptsache von Nutzen gewesen sind.

§ 11. Die Abreise der Gesandten und die ihr folgenden Mafsnahmen des Konzils.

Die Gesandten verweilten noch zwei Tage in Pisa. Da nun die Kardinäle keineswegs zu einer Änderung ihrer Politik sich bereit finden ließen, so war kein Grund vorhanden, noch länger zu bleiben [1]). Am folgenden Sonntag, den 21. April, brachen sie auf, natürlich ohne die Erlaubnis, Pisa zu verlassen, von den Kardinälen eingeholt zu haben. Das war allerdings Bestimmung für die Konzilsbesucher; aber als solche betrachteten sie sich nicht. Daß sie den Termin der Antwort auf ihre dubia nicht abwarteten, bedarf keiner Erläuterung mehr. Malatesta ermahnten sie [2]), in seinen Bemühungen fortzufahren.

An diesem Sonntag feierte der Bischof von Toulouse die übliche Messe in der Martinskirche [3]); dabei hielt der Bischof von Digne, ein Minoritenbruder, die Predigt, wie gewöhnlich eine kirchenpolitische Rede; er nahm zum Thema: „der Mietling flieht" und legte dar, daß die beiden Päpste nicht wahre Hirten seien, sondern Mietlinge, und deshalb müsse man sie verjagen mit den Mitteln, die man ergriffen habe. Dann kam er auch auf die dubia Ruprechts zu sprechen und widerlegte sie. Diese Predigt hat man nun in Zusammenhang gebracht mit der Abreise der Gesandten Ruprechts [4]); ein solcher ist

---

1) R. A. VI. 370. Glosse 112 heifst es: ambasiatores domini regis Romanorum plura moverunt et pro solucione insidias, minas et blasphemias habuerunt. Die Anhänger des Konzils leugnen, dafs die Gesandten in irgend welche Gefahr gekommen wären. Dietr. de schism. III. 39. Auch ANCHARANO sagt: R. A. VI. pg. 530,34: ... apparet ex ... furtivo eorum recessu; cum tamen benignissime in sancta synodo fuerunt recepti ... An ernstliche Nachstellungen ist wohl nicht zu denken. Ruprecht würde R. A. VI. 283 nicht ermangelt haben, diese Schlechtigkeit gehörig an den Pranger zu stellen.

2) MANSI XXVII. pg. 211 D.

3) Chron. Car. VI. Mon. St. Dion. (MANSI XXVII. pg. 5 D.); MONSTRELET, Chroniques I. pg. 151; er giebt auch hier einen falschen Tag, den 27. April an.

4) LENFANT, histoire du concile de Pise, pg. 258 macht daraus eine eigens um der Abreise willen veranstaltete Sitzung des Konzils.

aber nicht zu erweisen. Der Ausdruck „der Mietling flieht" braucht sich nur auf die Päpste zu beziehen. Jedenfalls ist nicht glaublich, daß die Gesandten durch diese einfache Sonntagspredigt sich veranlaßt fühlten, wegzugehen [1]).

Freilich läßt sich nicht leugnen, daß diese rasche Abreise ihre Sache bei der Gegenpartei in üble Nachrede bringen mußte: sie haben ihre dubia ungeprüft gelassen, weil sie der Ansicht gewesen sind, sie seien längst durch die gelehrte Erörterung abgethan; sie sind geflohen, anstatt die Antwort abzuwarten; sie haben die dubia überhaupt nur in böswilliger Absicht vorgebracht, um die Kircheneinigung zu hindern: dies sind Stimmen über ihr Benehmen.

Die Abreise der Gesandten bot nun den Pisanern einen willkommenen Vorwand, die Antwort auf die dubia hinauszuschieben. Ganz aufgeben wollte man sie aber doch nicht. In der fünften Sitzung, Mittwoch den 24. April, gab der advocatus concilii die offizielle Erklärung ab [2]), daß eigentlich in dieser Sitzung den Gesandten des Königs Ruprecht die Antwort hätte erteilt werden sollen; allein sie hätten Pisa hospite insalutato [3]) verlassen und nur heimlich eine Appellation gegen

---

Diesen Irrtum hat schon HEFELE VI. 862 zurückgewiesen; er meint, vielleicht seien die Gesandten gerade deshalb fortgegangen. HÖFLER, S. 440, sieht darin eine Anspielung auf die Gesandten.

1) Auch was WESSENBERG, Die grofsen Kirchenvers. des 15. u. 16. Jahrhunderts II. pg. 57 als Grund der Abreise vorbringt: sie verliefsen die Stadt, um nicht Zeugen des gefährlichen Verfahrens gegen ihren Schützling zu sein, hält nicht Stich.

2) MANSI XXVII. pg. 363.

3) Dieser Ausdruck ist dann in die meisten Berichte übernommen worden, sogar in deutsche: JOH. v. POSILGE: und czogen von yn ungeseynet. Es scheint formelhaft für eiligen Aufbruch gewesen zu sein: Cron. di Lucca. Mur. XVIII. p. 884: e di Lucca si partiro il Signore Malatesta da Pesari e la Imbasiaria di Genova insalutato hospite. LENFANT, hist. du conc. de Pise pg. 258, HEFELE S. 861 f. haben den Ausdruck aufgenommen. Überhaupt ist es unbillig, die parteiische Darstellung der Anhänger des Konzils nachzuerzählen, die bald nach ihrem Weggang offiziell in Umlauf gesetzt wurde; so schreibt SUGENHEIM, Gesch. d. deutschen Volkes und seiner Kultur III. (Leipzig 1867. S. 512): Die Gesandten ..., die sich aber beizeiten (!) wieder davonschlichen (!).

das Konzil angeschlagen; auch könne ihnen besser geantwortet werden, wenn zuvor ein Bericht über die Thaten der beiden Päpste angehört worden wäre. Und so ward in dieser Sitzung eine Schrift verlesen, die das Verfahren der beiden in der Beleuchtung, wie es den Kardinälen erschienen war, darstellte. Darauf ward der Beschluß gefaßt, einen Zeugenausschuß für die richterliche Untersuchung gegen die beiden in der nächsten Sitzung zu wählen, in der auch die Antwort auf Ruprechts dubia gegeben werden sollte.

In dieser [1]) hielt (am 30. April) der jüngst angekommene Gesandte des Königs von England, Bischof von Salisbury, eine lange Begrüßungsrede, worauf der advocatus fiscalis Simeon de Perugia die Wahl jenes Ausschusses zu vertagen beantragte und hinzufügte, daß der Bischof von Verden für sich und seine Genossen mehrere falsche, ungerechte Erfindungen einst vorgebracht hätte, von denen man nicht glauben könne, daß sie der Absicht des an zweiter Stelle zum römischen König erwählten Ruprecht [2]) entsprächen, für dessen Gesandte sie sich ausgaben; sie sind ohne Erlaubnis vom Konzil weggegangen und haben sich damit einer rechtlich strafbaren Handlung schuldig gemacht. Er stellte nun den Antrag, die Antwort, für die er schon Petrus de Ancharano namhaft machte [3]), auf die nächste Sitzung zu verschieben. Hier zeigt sich die Stellung der Kardinäle und des Konzils zu Ruprecht am deutlichsten: man sprach Ruprecht die römische Königswürde durchaus nicht ab; vielmehr suchte man den Schlag damit zu parieren, daß man den Schein erweckte, als ob die erfolgte Einsprache gar nicht sein Werk und somit wertlos sei [4]).

1) Mansi XXVII. pg. 363f. 125. XXVI. 1219.
2) Ähnlich in der offiziellen Antwort Ancharanos: R. A. VI. pg. 522,28 f. Man sieht, die Kardinäle verblieben noch auf dem früher gekennzeichneten Standpunkt. Darum ist es nicht richtig, wenn Lenfant, Aschbach, Häusser, Häberlein, Sugenheim a. a. OO. behaupten, die Gesandten seien nicht als die des römischen Königs anerkannt worden. Die Kardinäle haben Ruprecht überhaupt die Königswürde nicht förmlich abgesprochen. Dietr. de schism. III. 53.
3) Mansi XXVI. 1219. C.
4) Schon am 15. April wird gefordert, quod mandatum „si quod ab rege Ruperto haberent super praemissis proponendis", exhiberent.

Von denjenigen, die sich mit der Prüfung der dubia befaßt hatten, wurde Petrus de Ancharano, ein greiser Rechtslehrer aus Bologna, der für das Pisaner Konzil einige schriftstellerische Arbeiten geleistet hat [1]), von Balthassar Kossa bestimmt [2]), die Antwort zu übernehmen. Am 4. Mai hielt er [3]) in der siebenten Sitzung des Konzils seine im großen Stil verfaßte Rechtfertigungsrede gegen die dubia [4]).

1) s. Schulte, Gesch. d. Qu. u. Lit. d. can. Rechts II. S. 280 u. 282. 7.

2) R. A. VI. pg. 557,16; pg. 522,29 sagt Ancharano: mandatum mihi extitit iniunctum per honorabiles promotores super inquisicionis officio per eandem sanctam synodum deputatos, ut super dubiis et quesitis per eosdem eximios oratores deberem singulariter respondere. Weizsäcker pg. 335 f. scheint diese promotores für die Mitglieder der Kommission zu nehmen; denn er führt Mansi XXVII. 362 D als Beleg für diese Stelle an. Jene promotores sind aber von den aliqui de singulis provinciis zu scheiden. Sie gehören zu den in der ersten Sitzung bestellten gerichtlichen Beamten des Konzils. Von ihnen wurden nun einige ebenso wie ein advocatus (Mansi XXVI. 1219), Simeon de Perugia, besonders mit der Angelegenheit der Gesandten betraut, wohl hauptsächlich die formellen Geschäfte dabei zu erledigen. Sie beauftragten also auch Ancharano respondere, d. h. seine Antwort im Konzil vorzubringen, wie sie auch sonst Verlesung von Erklärungen und Anträge mancherlei Art veranlafsten. Das heifst wohl nicht viel mehr, als sie erteilten ihm das Wort.

3) Mansi XXVII. pg. 364; R. A. VI. 300; vgl. pg. 338, wo eine Übersicht über die Rede gegeben ist.

4) Was die Antworten betrifft, die uns aufser der Ancharanos erhalten sind, die Weizsäcker für Gutachten anderer Mitglieder des Ausschusses hält, so mufs zunächst der verschiedene Charakter dieser beiden Widerlegungen hervorgehoben werden. Die eine (R. A. VI. 298), betitelt: responsiones ad articulos per ambasiatores Rudperti Romani regis in concilio Pysano propositos ibidem factae cursorie per quendam iuris peritum — in einer anderen Handschrift wird Franciscus de Padua genannt — in 17 Artikeln stellt sich allerdings dar als eine zum mündlichen Vortrag geeignete Darlegung mit ausgeführten Sätzen, ja mit einer Art von Disposition. Auch war Padua eine Kirchenprovinz, hatte also ein Mitglied abzuordnen. Die andere hingegen, R. A. VI. 299, besteht aus Randbemerkungen in der Handschrift von Jumièges. Diese beziehen sich durchaus nur auf die schriftliche Vorlage; Art. 1 non obstant, quae „hic" opponuntur, die häufigen Verweise, ut supra, responsum est hic supra; während bei Franciscus die Be-

Nachdem er im ersten Teile die Artikel in vier Gruppen zusammengefaßt hat, weist er im zweiten die Art, solche dubia in der heiligen Versammlung vorzubringen, im allgemeinen zurück. Als ein weltlicher Fürst hat sich Ruprecht überhaupt nicht in diese Glaubensangelegenheit einzumischen. Obendrein hat Gregor selbst anerkannt, daß man auf dem Wege des Rechtes nicht zur Beilegung des Streites kommt; darum ist es überflüssig, jetzt juristische Spitzfindigkeiten aufzuwerfen, wie die Gesandten es thun. Um Benedikt kümmern sie sich gar nicht: ihre Vorschläge verbürgen die Einheit nicht. Daß sich Ruprecht gegen so viele geistliche und weltliche Fürsten erhebt, als ob er allein den heiligen Geist hätte, ist Übermut.

Im dritten Teil stellt Petrus fest, daß man es mit einem eingewurzelten Schisma zu thun hat, daß jene beiden wirklich Förderer dieses Schismas und Eidbrecher sind, daß ihre Hartnäckigkeit in Ketzerei übergeht. Hier schafft er sich die Grundlagen für seine Widerlegung im einzelnen, während die Streitschriften von Ruprechts Seite über diese Untersuchung stets oberflächlich weggegangen waren.

Der vierte Teil ist der Widerlegung der dubia nach den vier Hauptgesichtspunkten gewidmet. Die Obedienzentziehung (IV. 1) wird mit der Ketzerei Gregors gerechtfertigt. Da die Bedingungen seiner Wahl nicht erfüllt worden sind, ist sie ungiltig. Einen Anspruch auf Recht haben jene Zerstörer der Christenheit, die alles göttliche und menschliche Recht mit Füßen treten, überhaupt nicht. Das Recht der Konzilsberufung (IV. 2) wird den Kardinälen zugesprochen, da im Falle der

---

hauptungen der dubia angeführt werden, finden sich hier nur Artikel für Artikel Gegenbemerkungen an den Rand geschrieben. Dies kann nicht wohl ein Gutachten sein, das dazu bestimmt gewesen wäre, im Konzil als Antwort zur Verlesung zu kommen, vielmehr sind es Aufzeichnungen, von dem Berichterstatter oder gar später zur Beurteilung der dubia beigefügt.

Was Weizsäcker über Ancharanos pg. 546,11 ff. erwähnte responsiones pridie factae reverendo patri domino episcopo Verdensi pg. 336 sagt, ist sehr wahrscheinlich, ein weiterer Grund für diese Annahme ist auch die Ähnlichkeit des Titels mit dem des Schriftstücks des Franciscus, während die Antwort vom 4. Mai offiziell responsio pg. 557,14 heißt und sonst auch stets so genannt wird.

Vakanz des apostolischen Stuhles auf sie das Geschäftliche übergeht; auch in anderen dringenden Fällen wie im vorliegenden. Gregors Berufung, gleichviel ob sie zuvor ergangen ist, ist ungiltig, weil er nicht zweifelloser Papst ist. Die in Pisa Versammelten als seine Feinde zurückzuweisen ist er nicht berechtigt: wer gegen Fehler kämpft, darf nicht Feind genannt werden. Die Befugnis (IV. 3), die beiden, über die Gericht gehalten werden soll, vorzuladen, wird aus dem Rechte, die richtenden einzuberufen, abgeleitet. Aber auch ohne Vorladung kann die Absetzung vorgenommen werden. Die Einigung der Kollegien endlich (IV. 4) beruht einfach auf der Thatsache, daß man nicht weiß, welche die wahren sind: sie befinden sich in einer quasi possessio. Auch kommt bei der Papstwahl der Bann der Kardinäle nicht in Betracht; ja die Einigung ist im instrumentum conclavis „als ein nützlicher Weg" bereits vorgesehen.

Im Schluß wird auf Kaiser aus früherer Zeit hingewiesen, die einfach die Beschlüsse der Konzilien vollstreckt haben, ohne nur ein Wort dagegen zu sagen. So groß ist die Macht der Konzilien, die nicht irren können, was der Papst doch kann. Demgemäß ist es unmöglich, von ihnen zu appellieren.

Diese Darlegung überragt alles, was von Ruprechts Partei geleistet worden war, an Rechtsgelehrsamkeit, an Tiefe und Gründlichkeit der Auffassung und Untersuchung, an künstlerisch durchdachtem Aufbau. Freilich an sophistischen Klügeleien, Spitzfindigkeiten und schiefen Gedanken ist eine Fülle darin [1]). Für uns ist Ancharanos Rede keine Rechtfertigung des kühnen Versuches, die Kircheneinheit in Pisa wider die Päpste herzustellen; der einzige vollgiltige Beweis, der für die Nothwendigkeit und das Recht des Vorgehens der Kardinäle zu erbringen, ist die Geschichte der verflossenen dreißig Jahre.

Durch Ancharanos Ausführungen fühlte man sich sehr gestärkt [2]): die dubia hatten eben doch manches Bedenken wachgerufen. Am Mittwoch darauf (am 8. Mai) hielt der Patriarch

---

1) z. B. pg. 534,3 ff., 539,2 ff., 543,7 ff., 544,36 f., 545,32 ff., 547, 30 f, 554,5 f., 18 ff.

2) MONSTRELET, Chron. a. a. O. ... fit réponse dont le concile fut moult réconforté.

von Alexandrien in der Michaelskirche eine Rede zur Feier dieses Erzengels; dabei kam er nochmals auf die Sätze der Ruprechtschen Gesandten zurück und wandte sich dagegen in sechs rationes. Damit waren die dubia und die Einsprache König Ruprechts für die Pisaner abgethan. Der Prozeß gegen die Päpste nahm seinen Lauf. —

§ 12. **Die Stellung der deutschen Fürsten zum Pisaner Konzil.**

Ruprechts Gesandte waren in Pisa nur mit wenig Konzilsboten aus Deutschland zusammengetroffen; sie durften noch hoffen, daß die Pisaner Versammlung das Gepräge eines französisch-italienischen Nationalkonzils an sich tragen werde. Aber nach ihrer Abreise stellte sich allmählich eine Anzahl Vertreter deutscher Landesherren ein. Freilich, wie weit deren Vollmacht reichte, wissen wir in den wenigsten Fällen. Es ist gar nicht ausgemacht, daß man sich beeilte, alles gut zu heißen, was die Kardinäle planten. Für die Gesandtschaften aus Mainz und Köln läßt sich sogar der Nachweis erbringen, daß ihre Anmeldung bei dem für diesen Zweck eingesetzten Ausschuß der Kardinäle, womit doch erst die Teilnahme am Konzil wirklich erklärt war, längere Zeit nach ihrer Ankunft in Pisa erfolgte. Die Vermutung liegt nahe, daß sie zuvor durch Verhandlungen mit den Kardinälen ihre Wünsche, welcher Art sie auch waren, in Sicherheit brachten.

Aus den mangelhaften Verzeichnissen der Konzilsbesucher [1]) läßt sich über die Vertretung Deutschlands in Pisa folgendes gewinnen: persönlich anwesend waren die Bischöfe Johannes von Lebus [2]) und Timo von Meißen. Ersterer erhielt auch von Jost von Brandenburg am 3. März Vollmacht [3]), ihn zu vertreten; am 22. April meldete er seine Ankunft am Konzile an. Letzterer war Mitglied der Gesandtschaft Wenzels. Größer ist

---

1) Aufser dem schon erwähnten MANSI XXVII. 331 ff. noch MANSI XXVI. pg. 1239 ff., nach dem Rang der Teilnehmer geordnet.

2) Lebus, wie ERLER nach dem Datum der Beförderung festgestellt hat, nicht, wie BINTERIM a. a. O. S. 14 annimmt, Lübeck.

3) ERLER, Anhang XVIII. N. 47.

die Zahl derer, die sich vertreten ließen. Schon am 28. März ist Bischof Ulrich von Brixen vertreten. Am 10. April erscheinen fünf Gesandte für Johann von Lüttich, am 17. Friedrich Deys für den Erzbischof von Salzburg und die Bischöfe von Chiemsee und Lavant¹), am 19. ein Jurist Johannes Nam (?)²) für Konrad von Olmütz, am 20. Vertreter, darunter auch Friedrich Deys, für Johannes von Regensburg. Ende April oder Anfang Mai kamen die Gesandten der Erzbischöfe von Köln und Mainz nach Pisa. Die Kölner, sieben an der Zahl, unter ihnen Graf Gottfried von Leiningen, der frühere Nebenbuhler Johanns von Nassau um den Mainzer Stuhl († in Pisa), und der Jurist Heinrich Westerholz, wurden vor ihrer Ankunft vom Grafen von Mala Spina gefangen genommen, aber auf Einschreiten des französischen Marschalls Boucicault in Genua befreit³). Sie meldeten sich am 7. Mai an, am gleichen Tage Friedrich Rocardi für die Bischöfe von Pomesanien und Samland, auch für die polnischen von Kulm und Ermland, die Mainzer erst am 17., am 19. Johannes Goch für Erzbischof Gunther von Magdeburg und den Bischof von Merseburg, endlich am 13. Juni Johannes de Montani für Konrad von Gurk. Als vertreten werden uns noch angeführt die Bischöfe von Breslau, Naumburg⁴), Passau, Utrecht, Metz, Verdun⁵).

1) Im Druck steht (a. a. O. pg. 342) pro Ulrico episcopo Raventinensi. Item pro Engelmaro episcopo Creonensi. Da die Vornamen stimmen und die Bistümer zur Salzburger Provinz gehören, dürfen wir, wie oben, bessern.

2) Dies ist wohl Johannes Nase, der auch vom König Wenzel Vollmacht erhielt, R. A. VI. 318. Darum wird auch er sowie der gleichfalls schon länger anwesende Hieronymus Seidenberg bei der Ankunft von Wenzels Gesandten nicht mit verzeichnet, so daſs MANSI XXVII. pg. 353 nur drei Gesandte aufgeführt werden, während fünf bevollmächtigt sind.

3) Chron. Car. VI. Mon. St. Dion. bei MANSI XXVII pg. 6, bei BELLAGUET, lib. XXX. cap. 3. pg. 222.

4) Im Druck (MANSI XXVI. pg. 1249) steht Udalricus Neubergensis.

5) Fälschlich zählt BINTERIM a. a. O. Konstanz auf. Aegidius ep. Constantiensis promotus anno 1408 ist (s. GAMS, Series episcoporum, pg. 542) Bischof von Coutances (Constantia), der Bischof von Konstanz hieſs Adalbert Blauror (seit 1407).

Von weltlichen Fürsten beteiligten sich am Pisaner Konzil die folgenden. Markgraf Jost von Brandenburg und Mähren hatte das Einladungsschreiben durch Hieronymus von Seidenberg erhalten [1]). Später stattete Landulf auch ihm seinen Besuch ab, wahrscheinlich im Februar 1409, und erlangte die volle Zustimmung des Kurfürsten zu dem geplanten Vorgehen der Kardinäle. Die Rücksicht auf Wenzel mag mit dafür maßgebend gewesen sein. Er stellte seinen Gesandten, darunter dem Bischof Johannes von Lebus, am 3. März die Vollmacht aus; am 22. April zeigten sie ihre Ankunft am Konzile an.

Von den Wittelsbachern entbot Wilhelm, Herzog von Bayern und Graf von Hennegau, Holland und Seeland, der in Paris unter dem Einflusse des französischen Hofes lebte und kaum zu den regierenden deutschen Fürsten gezählt werden darf, eine Gesandtschaft nach Pisa [2]) mit dem Auftrag, bei den Kardinälen dahin zu wirken, daß ein wahrer Papst erlangt würde; wäre dies nicht möglich, dann sollten sie sich den Maßnahmen des Kaisers der Könige von Frankreich, England, Spanien u. s. w. anschließen (3. März 1409). Am 1. Mai ist ihre Ankunft in Pisa verzeichnet. Hingegen die deutschen Wittelsbacher blieben noch auf Gregors Seite [3]).

Die österreichischen Herren und Prälaten hatten ihre Absicht, das Konzil zu beschicken, schon im Januar erklärt. Dennoch stellte der Bischof von Freisingen, der überhaupt bedenklicher gewesen zu sein scheint als der Passauer, in einer Sitzung der Wiener Universität noch einmal zur Beratung, wie die hohe Schule und der Landesfürst in der Konzilsangelegenheit sich zu verhalten habe [4]). In seinem Namen legte nämlich der Rektor der Universität dar, König Sigmund wolle nach Pisa seinen Gesandten, Wilhelm de Prata, nicht entbieten, um an den Beschlüssen teilzunehmen, sondern um die Kardinäle zu einem Konzil in Gemeinschaft mit dem Papst zu bestimmen; angeblich war dies auch dem Könige von Frankreich recht. Ja

---

1) Erler, Anh. XVIII. N. 47.
2) Erler, Anh. XVIII. N. 44.
3) Gobelin. Pers. Cosm. VI. cap. 89.
4) Kink, Gesch. der Wiener Universität I. 2. Beilage XIV. 6. Acta fac. art. fol. 132.

es verbreitete sich das Gerücht, daß Sigmund alle seine Unterthanen von der Hochschule abberufen wolle¹). Schließlich aber blieb man bei den gefaßten Beschlüssen²). Franciscus de Retza und Petrus Deckinger wurden von der Hochschule abgeordnet, mit dem Auftrage, die Konzilsbeschlüsse anzuerkennen und dem neu zu erwählenden Papste den schuldigen Gehorsam zu erweisen. Am 29. März übertrug ihnen Herzog Ernst seine Gesandtschaft³). Ihre Ankunft beim Konzile erfolgte am 4. Mai.

Auch die Meißner Markgrafen schickten Gesandte, die am 7. Mai in der Liste stehen. Hier liegt nun ein Fall vor, wo wir beobachten können, wie mit der Erklärung für die Pisaner nicht notwendig die Obedienzentziehung gegen Gregor verknüpft war. Schon in Frankfurt war die Entsendung von Bevollmächtigten an das Konzil in Aussicht genommen und wahrscheinlich sogar Landulf ein schriftliches Versprechen darüber gegeben worden⁴). Am 25. Februar erfolgte nun die Entscheidung⁵) des königlichen Hofgerichts in der Erbschaftsangelegenheit mit dem Nürnberger Burggrafen, von der früher die Rede gewesen ist, und zwar zu ungunsten der Wettiner. Sie appellierten dagegen und machten einen Prozeß an der Kurie Gregors anhängig. Erst später, als nichts gegen den königlichen Spruch zu erreichen war, blieben ihre Vertreter aus⁶). Man sieht, auch nach den Frankfurter Beschlüssen blieb Gregor der Gehorsam gewahrt; man ließ ihn fallen, als von ihm nichts mehr zu erwarten war. Später schlossen sich die Meißner ganz an den Konzilspapst an: am 9. September ließen sie sich von ihm die Genehmigung zur Gründung der Universität Leipzig erteilen⁷).

Vertreten waren in Pisa ferner Herzog Karl von Lo-

---

1) Kink a. a. O. XIV. 7. fol. 133. Die Universität beriet darüber am 12. März.
2) Kink XIV. 6 am Schlusse; ferner N. 8. fol. 135.
3) Kink XIV. 10. Am 30. März macht er den Kardinälen davon Mitteilung. Erler, Anh. XVIII. N. 45.
4) vgl. Diss. S. 49. Anm. 2.
5) Mon. Zoll. VI. N. 484. pg. 519.
6) S. den päpstlichen Erlaß vom 27. Aug. 1409. Mon. Zoll. VI. N. 525. pg. 584.
7) Urkundenbuch der Universität Leipzig. 1879. N. 1. pg. 1.

thringen, der Schwiegersohn Ruprechts (17. Mai), Ulrich von Jungingen, der Hochmeister des deutschen Ordens in Preußen, der am 5. Februar schon seinen Gesandten, Peter Wormedith, beglaubigt hatte [1]), die Grafen Heinrich und Günther von Schwarzburg (19. Mai); Johannes von Kärnthen, Graf von Görz und Tirol (14. Juni) [2]), endlich die Hochschulen Wien, Prag (29. Mai) und Köln.

Eine bedeutendere Rolle spielten, soviel bekannt ist, nur die der beiden rheinischen Erzbischöfe. Ein Gesandter des Mainzers hielt am 2. Mai in der Martinskirche eine Predigt vor den Kardinälen und Prälaten, am 4. zwei Gesandte des Kölners ebenfalls [3]). Allerdings hatten sie nichts eiligeres zu thun, als Rangstreitigkeiten untereinander zu beginnen, so daß sie an der Sitzung am 4. Mai nicht mit teilnahmen [4]). Wollten sie vielleicht auch vermeiden, die Antwort auf Ruprechts dubia anzuhören? Als die Ankunft der Gesandten Benedikts bevorstand und seine ehemaligen Anhänger den Versuch machten, ihn weiter als Papst zu behandeln, drangen sie neben anderen auf eine gleichmäßig gegen beide durchgeführte Obedienzverweigerung [5]).

---

1) ERLER, Anh. XVIII. N. 54; er meldet sich an am 17. April, MANSI XXVII. pg. 342.

2) MANSI XXVI. pg. 1241 werden noch Vertreter ducis Clevensis, einer der Kardinäle und ein Petrus Scalpipe, canon. Zautensis Col. dioec. aufgeführt (aus Xanten, was in Cleve und in der Diözese Köln liegt?); Adolf, Graf von Cleve, ward erst 1417 Herzog.

3) MANSI XXVII. pg. 115.

4) Chron. Car. VI. Mon. St. Dion. bei MANSI XXVII. pg. 7 C. lib. XXX. cap. 3. pg. 226.

5) Ich gebe der Satzabteilung bei MANSI pg. 8: in qua opinione stetit patriarcha, quidam ep. de Cracovia, Maguntini et Colonienses nuncii et alii; sed (bez. scilicet) super hoc cardinales, qui non subtraxerant, deliberacionem pecierunt vor der bei BELLAGUET, pg. 230: patriarcha. Quidam ep. ... et alii scilicet super hoc cardinales ... pecierunt, den Vorzug, weil mir sowohl der Ausdruck alii card., während noch von keinen Kardinälen vorher die Rede gewesen ist, wie die ungehörige Wortstellung, al. scil. super hoc card. in der Lesart BELLAGUETS anstößig ist. Ist scilicet vielleicht aus alii sed verschrieben oder verlesen? Ohne die Handschriften einzusehen, läßt sich freilich die Frage nicht entscheiden.

Ganz spät traf auch Wenzels Gesandtschaft ein, der Patriarch Wenzel von Antiochien, Bischof Timo von Meißen, Baron Benes von Chaustnik, ferner Hieronymus von Seidenberg und Johannes Nase [1]). Am 15. März hatte er ihnen seine Vollmachten ausgestellt [2]) und auch die Ausübung der Reichsgewalt übertragen [3]). Sie traten in Italien als die Gesandten des wahren römischen Königs auf, fanden aber nicht überall Anerkennung. In Venedig wurde darüber am 13. Mai im Rate verhandelt; obschon man bereit war, ihnen den Titel, Gesandte des römischen Königs auf Befragen zuzugestehen, gab man zunächst eine Antwort mit nichtssagenden Freundschaftsbezeigungen [4]). Erst am 27. Mai meldeten sie ihre Ankunft beim Konzile an und wurden als die Vertreter des römischen Königs denen der übrigen Könige und weltlichen Fürsten übergeordnet [5]). Auch einen Brief Sigmunds wiesen sie vor, wonach er die Versammlung zwar nicht beschicken zu können erklärte, aber sich den Wünschen seines Bruders anschließen wollte [6]) — eine Maßregel diplomatischer Vorsicht, wie sie Sigmund eigen war.

Um den Gang der Konzilsverhandlungen erwarben sich Wenzels Gesandte wenig Verdienste; vielmehr beeilten sie sich, einen Vertrag mit den Kardinälen über die Stellung ihres Herrn zustande zu bringen. Am 8. Juni wurde er abgeschlossen [7]): alles vom Konzil beschlossene oder noch zu be-

---

1) Vgl. Diss. S. 78. Anm. 2.
2) R. A. VI. 318.
3) R. A. VI. 319.
4) R. A. VI. 320, vgl. S. 81 Anm. 5.
5) Nachrichten R. A. VI. 322 leugnen das. Aber die Kardinäle erkannten ihn als römischen König an, R. A. VI. 321; seine Gesandten werden MANSI XXVI. 1240 vor denen aller andern angeführt. Wie sollten sie sie ganz ihrem Versprechen zuwider als kurfürstliche behandelt haben?
6) MANSI XXVII. pg. 353 C. Ich halte diese Angabe gegen die Meinung WEIZSÄCKERS pg. 344 f. fest. Denn R. A. VI. 370. Gl. 108 leugnet gar nicht einen solchen Brief, sondern bezeichnet ihn nur als Sigmunds Gesinnung nicht entsprechend. Sigmund wollte sich eben nicht schroff dem Pisaner Konzil entgegenstellen; daß er nach einer Form suchte, wie er es beschicken könne, lehrt auch R. A. VI. pg. 345,10 ff.
7) R. A. VI. 321.

schließende wird einfach anerkannt, auch der künftige Papst; der König verspricht, ein Jahr nach der Wahl mit Heeresmacht persönlich nach Italien zu ziehen und dem Papste die weltliche Herrschaft herzustellen, auch wenn es der Papst anordnet, noch weiter auszudehnen. Ist er persönlich verhindert, so soll er König Sigmund oder Jost von Mähren senden. Auch sagt der König zu, die Gebiete von Florenz und Siena zu schonen. Die Kardinäle ihrerseits versprechen — daß der neue Papst Wenzel als römischen König anerkennt, den Vertrag gewissenhaft beobachtet und ihm, soweit er kann, Geltung im Reiche verschafft. Man sieht, die Leistungen sind nur auf seiten des Königs, ein hoher Preis für die Anerkennung, die Wenzel, auf sein Recht pochend, ohne jede Leistung hätte fordern müssen. Der Vertrag ist eine Demütigung des deutschen Königs vor der Macht Roms zur Zeit ihrer tiefsten Ohnmacht, ein sprechendes Zeugnis für den Mangel eines wirklich politischen Verständnisses an Wenzels Hofe.

Die Zahl der geistlichen und weltlichen Fürsten des Reiches, die durch Bevollmächtigte am Pisaner Konzil sich beteiligten, war nicht eben stattlich zu nennen; doch waren gerade die angesehensten vertreten: zwei weltliche Kurfürsten, zwei geistliche, ferner zwei Erzbischöfe, achtzehn Bischöfe, von den großen Geschlechtern die Habsburger, Wettiner, sogar ein Wittelsbacher, ferner ein Herzog, der deutsche Orden und einige Grafen. Fragen wir endlich, wie sich das übrige Deutschland verhielt, während in Pisa das Konzil tagte, so darf man natürlich nicht alle, die sich von Pisa fern hielten, zu den Freunden Gregors zählen. Man wird nicht fehl gehen, wenn man die Haltung in weiten Kreisen als thatsächliche Neutralität ohne die Form einer ausgesprochenen Obedienzverweigerung bezeichnet [1]). Eine wirkliche Aufkündigung des Gehorsams ist nur für die in Pisa anwesenden nachweisbar, sofern sie Konzilsbeschluß war.

---

1) s. Königshofen, bei Hegel, Städtechroniken IX. pg. 613,4 ff., vgl. pg. 615,19 ff. Derselbe Chronist, pg. 612,8 ff., berichtet von einem Übereinkommen der Erzbischöfe von Trier, Köln und Mainz und etlicher Suffraganbischöfe und „vil bi alle geistliche und weltliche herren und prelaten in dütschen Landen und in vil andern landen", püpstliche Briefe, die schaden künnten, nicht anzunehmen, wohl aber solche, die niemand schadeten, wie Beichtbriefe. Topf,

§ 13. König Ruprecht und das Konzil in Cividale.

Nachdem die Gesandten Ruprechts Pisa verlassen hatten, begaben sie sich wieder zu Gregor, um ihm Mitteilungen zu machen über das Verhalten der Kardinäle und ihn anzutreiben, seinerseits an der Einigkeit der Kirche zu arbeiten. Genaueres über diese Verhandlungen wissen wir nicht. Bald darauf (am 26. April) kam auch Malatesta in Rimini an[1]). Die Kardinäle und die Vertreter des Konzils hatten zuletzt die Möglichkeit, die Versammlung nach Pistoja im florentinischen Gebiete zu verlegen, zugestanden. Karl bekannte, daß er sich wenig Erfolg davon verspreche, da Gregor Grund

---

Zur Kritik Königshofens 1882. pg. 80 f. sieht darin ein Aktenstück vom Frankfurter Tag, ohne das irgend wahrscheinlich machen zu können. WEIZSÄCKER, pg. 325, denkt an eine Verwechselung mit einem Erlaſs Alexanders V. vom 10. Juli 1409, MANSI XXVI. 1233 f. Auch das ist nicht recht glaublich, da KÖNIGSHOFEN ausdrücklich hinzusetzt: bis es im Konzil der Kardinäle ausgetragen oder ein einhelliger Papst würde. Verdächtig ist an der Nachricht die Erwähnung des Erzbischofs von Trier, den KÖNIGSHOFEN auch sonst zur Konzilspartei rechnet, und die scheinbare Annahme einer Versammlung geistlicher und weltlicher Herren aus Deutschland und viel andern Ländern. Eine solche hat es auſser der zu Pisa nicht gegeben; an diese kann aber K. nicht denken, da er die Beteiligung der Deutschen an dieser ausdrücklich leugnet. Festzuhalten ist, daſs eine derartige Verabredung an sich der kirchenpolitischen Lage durchaus angemessen ist; ich verweise auch auf R. A. VI. 411, wo eine ähnliche Abmachung mitteldeutscher Bischöfe nach dem Tode Alexanders V. vorliegt. Aber zweifellos ist bei K. eine Ungenauigkeit vorhanden, was bei den zahlreichen Flüchtigkeiten und Irrtümern in der Erzählung jenes Zeitraums gar nicht auffällt. Ich möchte sie im Ausdruck suchen und daran glauben, daſs man unangenehme päpstliche Gebote einfach beiseite legte, bevor man sich wirklich von Gregor lossagte, was erst nach erfolgter Neuwahl geschah, pg. 615,19 ff. Vielleicht lag K. eine Übereinkunft der Erzbischöfe von Mainz und Köln und „einiger" Suffraganbischöfe vor; das folgende ist dann hinzugesetzt, um zu zeigen, daſs man sich auch anderswo so verhielt, vgl. pg. 615,19 ff. Jedenfalls ist es unstatthaft, diese unsichere Nachricht eines recht bedenklichen Gewährsmannes, die durch kein Zeugnis sich stützen läſst, der geschichtlichen Darstellung zu Grunde zu legen.

1) MANSI XXVII. 289—313.

zu Beschwerden über die Florentiner habe. Auf der Rückreise verhandelte er mit ihnen; sie erboten sich, dem Papste sichere Geleitsbriefe nach Pisa, San Miniato oder Pistoja auszustellen. In Rimini erstattete er Gregor Bericht und suchte ihn für jenen Vorschlag zu gewinnen; der Papst aber beharrte auf seinen Forderungen, die er für maßvoll hielt.

Für Gregor gab es jetzt nur eine Aufgabe, ein zahlreich besuchtes Konzil der Versammlung in Pisa entgegenzustellen und so den Beweis zu liefern, daß jene nicht die gesammte Kirche darstelle. Noch war dazu Aussicht vorhanden. Jetzt galt es, die lang versäumten Vorbereitungen rasch nachzuholen; war doch nicht einmal die Stadt, wo sein Konzil tagen sollte, bestimmt. Darum schickte er den Bartholomäus Zambonus nach Friaul und ermahnte in einem Schreiben vom 3. Mai die Bewohner der Provinz Aquileja, jenen zu unterstützen¹).

Er selbst brach am 17. Mai, nachdem Venedig die Bitte, ihn nach Friaul zu befördern, abermals abgeschlagen hatte²), auf dem Landwege auf³). Als ihm Udine den Gehorsam entzog⁴), begab er sich Anfang Juni⁵), von Adligen jener Gegend geleitet, nach Cividale⁶), dessen Bürger sich für ihn gegen den abgesetzten Patriarchen erklärt hatten.

Die Zahl der Geistlichen, die sich hier eingefunden hatten, war gering. Doch ließ sich Gregor dadurch nicht beirren; er durfte auch hoffen, daß mehr Teilnehmer erscheinen würden, sobald der Ort der Versammlung und seine Anwesenheit bekannt würden. Eine gottesdienstliche Feier eröffnete das Konzil am Fronleichnamsfeste (6. Juni); die Sitzung ward vertagt und am 20. Juni erging ein neuer Aufruf des Papstes an alle Christgläubigen⁷). Der Charakter einer Parteiversammlung, den

---

1) RAYNALD, ann. eccl. 1409. § 82.
2) R. A. VI. pg. 345,28.
3) Cron. di Bol. Muratori XVIII. 597.
4) R. A. VI. pg. 340,39.
5) Am 1. Juni war er nach einem bei RAYNALD, ann. eccl. 1409. § 82 angeführten Schreiben in Prata.
6) Nach einem alten monumentum bei BELLONUS erzählt dies DE RUBEIS, Mon. eccl. Aquil. pg. 1013.
7) RAYNALD, ann. eccl. 1409. § 82. primam fecimus sessionem in gloriosissimo festo corporis Christi pretiosissimi secundam indi-

das Konzil von Cividale deutlich annahm, erweckte weit und breit den Glauben, daß Gregor nur die Kircheneinigung zu hindern beabsichtige; daher fand sein Mahnruf wenig willige Hörer. Er versuchte es mit Venedig, seiner Vaterstadt, und sandte zwei Bischöfe hin, die Geistlichen zum Besuch der Kirchenversammlung zu zwingen und ihnen den Kirchenbann anzudrohen. So weit war es gekommen; aber auch das fruchtete nichts: Bann und Fluch waren leere Redensarten geworden.

Noch war Hilfe von Deutschland zu erwarten. Auch den Gesandten Ruprechts hatte Gregor seine Absicht, sich nach Friaul zu begeben, mitgeteilt und den König bitten lassen, für Beschickung der Versammlung sich zu bemühen, damit dort die Kircheneinheit gefördert werde; ein Schreiben gleichen Inhalts war an den König abgegangen. Ein Teil der Gesandtschaft war dann in die Heimat aufgebrochen[1]), wahrscheinlich Konrad von Soest und die Bischöfe von Worms und Verden[2]). Unterwegs wirkten sie vielleicht in Udine für Gregors Konzil[3]). Sie

---

centes ad vigesimam secundam diem huius: quas quidem sessiones intendimus protelare .... HEFELE VI. § 743 versteht dies von einer Vertagung auf den 22. Juli und auch WEIZSÄCKER pg. 341,11 läfst die zweite Sitzung am 22. Juli stattfinden. Das Schreiben ist datiert XII. Kal. iulii, d. i. 20. Juni (vgl. R. A. VI. pg. 341,6 ff.). Das Natürlichste ist doch, huius auf den Juni zu beziehen und dann eine weitere Verschiebung der zweiten Sitzung anzunehmen. Jedenfalls ist es nicht zulässig, das sonst nirgends bezeugte Datum der zweiten Sitzung auf diese Angabe hin auf den 22. Juli zu bestimmen.

1) Dies mufs noch in der ersten Hälfte des Mai gewesen sein, da Gregor noch nicht nach Friaul aufgebrochen war, was am 17. Mai geschah.

2) Dies kann daraus geschlossen werden, dafs Ruprecht diese drei im August wieder nach Italien schickt, während er in seiner dritten Werbung vom Ende August davon spricht (R. A. VI. pg. 483,32 ff.), dafs der Rest seiner ersten Gesandtschaft sich noch dort befindet. Johannes Winheim fertigt in Heidelberg ein uns bekanntes Aktenstück zuerst wieder am 20. August aus. R. A. VI. 284.

3) Mir ist es wahrscheinlicher, dafs die Gesandten erst nach dem Scheitern des Vermittelungsversuches, als es klar war, dafs Gregor sein Konzil in Friaul halten wollte, mit Udine in Verhandlung getreten sind, nicht auf der Hinreise, wie WEIZSÄCKER pg. 340,26 meint.

erstatteten dem Könige Bericht über die Vorgänge in Rimini und Pisa und er hieß gut, was sie gethan.

Das Auftreten der Ruprechtschen Gesandtschaft ward in Deutschland im Laufe des Sommers weiterhin erörtert, freilich ohne daß sich eine lebhafte Teilnahme daran bemerklich machte. So kam eine Widerlegung der dubia durch Franciscus de Padua nach Deutschland [1]); ein Anhänger der Politik Ruprechts richtete dagegen eine Replik [2]). Hier kehren die üblichen Beweise wieder, nur daß das Recht des römischen Königs gegenüber dem Kardinalskonzile in schärferen Linien gehalten ist. Auch die Stellung der Florentiner wird besser beleuchtet. Die Antwort Ancharanos fand an Ruprechts Hofe wenig Beachtung [3]); hatte er doch die Beweise der Datumsfälschung und ähnliches, was hier mit besonderer Vorliebe vorgetragen zu werden pflegte, keines Wortes der Widerlegung gewürdigt — natürlich ebensowohl darum, weil sie thatsächlich von geringem Belang waren, wie deshalb, weil er dagegen nichts Triftiges sagen konnte.

König Ruprecht hatte mit den Pisanern völlig gebrochen. Was blieb ihm noch übrig, als weiter des Papstes Politik mitzumachen und für sein Konzil einzutreten? Zwar verhehlte er sich nicht [4]), daß eine Herstellung der Kircheneinheit auf dem Konzile Gregors unmöglich sei: das konnte nur eine Parteiversammlung werden, wie die zu Perpignan und Pisa — und darin urteilte er sehr richtig, wenn er von drei kirchlichen Parteien sprach. Aber dies Sonderkonzil versprach doch Nutzen, vor allem eine engere Fühlung der Anhänger Gregors; auch war es möglich, Klarheit über des Papstes bisheriges Verfahren zu verbreiten und für seine künftigen Maßregeln ihm eine bestimmte Richtung vorzuschreiben. Daher faßte er den Entschluß, selbst das Konzil in Friaul zu beschicken und andere Fürsten dazu zu bestimmen.

---

1) R. A. VI. 298. Handschrift A, dagegen die Replik, pg. 557,27 contra resp. proxime supra scriptas, vgl. mit Zeile 35...

2) R. A. VI. 301. vgl. pg. 339.

3) R. A. VI. 370. Glosse 112: licet quidam Petrus de Ancrano utriusque iuris doctor quasdam responsiones (nr. 300!) fabricaverit sicco pede transiens dubia principalia et inanibus verbis multiplicatis se involvens.

4) R. A. VI. 283. 8.

Darum erließ er um die Mitte Juni seine zweite Werbung an Fürsten, Herren und Städte[1]): nach einem sachlich klaren Bericht über die Thätigkeit seiner Gesandten in Italien, wobei er ihre Wahrnehmungen und eingezogenen Erkundigungen, die zur Bestätigung der den Kardinälen zur Last gelegten Umtriebe dienen, in breiter Behandlung vorführt, spricht er von dem bevorstehenden Konzil in Friaul und ersucht, bei Gregor zu verbleiben und bei ihm selbst, der in der ganzen Angelegenheit nicht eitles Gut und Ehre, sondern nur die Gerechtigkeit gesucht habe. Daran schließt er die Aufforderung, das Konzil zu beschicken.

Aber der König ging nicht selbst mit gutem Beispiel voran und die Fürsten des Reiches zeigten noch weniger Eifer. Wohl richtete er, sobald er von der Ankunft des Papstes in Cividale Nachrichten erhalten hatte, an Rat und Gemeinde von Cividale, sowie an Adlige aus jener Gegend, die Mahnung[2]), Sorge zu tragen für die Beilegung der Fehden, die die Gegend beunruhigten und den Besuch des Konzils erschwerten. Aber Gesandte schickte er nicht ab. Ruprecht wußte, daß Gregor sein Konzil wenigstens zwei Monate zu verlängern gedachte[3]). Noch war ein Teil der ersten Gesandtschaft in Italien, der zu seiner Vertretung einstweilen genügte. So glaubte er mit einer neuen sich nicht beeilen zu müssen, zumal sie namentlich bei längerem Aufenthalt in der Fremde mit großen Geldopfern verbunden war, die ja für Ruprecht schwer zu erschwingen waren. Ferner widmete er den inneren Angelegenheiten des Reiches mit vollem Recht mehr Aufmerksamkeit und Kraft, als einem Konzile, dem er ohnehin nur eine untergeordnete Bedeutung beimaß: gerade in jener Zeit muß die Spannung zwischen ihm und dem Mainzer Erzbischof sich verschärft haben. Darum ist es erklärlich, wenn Ruprecht längere Zeit eine kostspielige Gesandtschaft in Italien zu unterhalten unterließ[4]).

Vielleicht giebt noch folgendes einen Fingerzeig. Gregor

---

1) R. A. VI. 283. Zur Datierung vgl. pg. 330 f.
2) R. A. VI. 304 am 19. Juni; s. auch daselbst Anm. 1.
3) R. A. VI. pg. 478,14 ff.
4) Man hat also kein Recht, mit SAUERLAND, Hist. Zeitschr. 57. S. 278, Ruprechts Zögern so scharf zu tadeln.

erklärte sich in einer Urkunde vom 15. Juni [1]) bereit, alle abtrünnigen Geistlichen durch Männer auf Vorschlag des Königs zu ersetzen und deren Untergebene von ihren Eiden zu entbinden. Für den Fall, daß der Mainzer Erzbischof in seiner feindlichen Stellung zu König und Papst verharrte, übertrug er die Gerichtsbarkeit des Mainzers über Ruprechts Unterthanen dem Bischof Matthäus von Worms und Ruprecht selbst die Einkünfte des Erzstifts in seinen Erblanden und im Reich, bis ein gehorsamer Erzbischof in den Besitz der Mainzer Kirche gesetzt wäre. Am 16. Juli dehnte er mit dem Hinweis auf die Ruprecht bereits gewährten Zugeständnisse diese Vollmacht auf alle Teile Deutschlands aus [2]). Sollte man nicht annehmen, daß Ruprecht durch seine Gesandten die Anregung zu diesen Bewilligungen gegeben, daß er also die Verlegenheit Gregors benutzt hat, um seinen eigenen Finanznöten aufzuhelfen?

Unmittelbar nachdem diese zweite Urkunde vom 16. Juli in Heidelberg eingetroffen sein wird, schritt Ruprecht dazu, die beabsichtigte Gesandtschaft für das Konzil von Cividale wirklich auszurüsten. Am 7. August stellte er die Vollmacht aus [3]): die Führung der Gesandten übernahm der Bischof Johannes von Würzburg; die Bischöfe von Worms und Verden, der Abt Albert des Cisterzienserklosters zu Mulnbronn in der Diözese Speier, Otto von Milcz, Dekan der Kirche zu Würzburg, Nikolaus Jauwer, Johannes Ambundii und Konrad von Soest waren beigeordnet. Rasch eilten sie nach Italien.

In Pisa war man indessen gegen die streitenden Häupter der Christenheit weiter vorgeschritten, obschon nicht so rasch, als es im Sinne der Kardinäle gewesen wäre. Ein förmliches Anklageverfahren ward eröffnet, Zeugen gegen sie verhört, deren Aussagen in der Versammlung vorgeführt und ausführlich begründet. Jetzt galten beide für überführt. Auf Antrag des Kardinals von Palestrina sprach die Versammlung am 5. Juni die Absetzung aus [4]), weil sie als offenkundige Ketzer und Förderer des Schismas, die durch Eidbruch und Hartnäckigkeit die

---

1) R A. VI.. 303.
2) R. A. VI. 305.
3) R. A. VI. 306.
4) Mansi XXVII. 402—404.

Kirche ärgern, ihrer päpstlichen Würde sich unwert gemacht haben. Man glaubte am Ende des leidvollen Streites zu stehen und feierte dies Ereignis mit lauten Freudenfesten. Dann ließ man die beim Ableben eines Papstes üblichen zehn Tage verstreichen, ehe sich die Kardinäle zur Neuwahl ins conclave begaben. Am 26. Juni hatten sie sich auf Pietro Filargi aus Kandia, von griechischer Herkunft, geeinigt, der den Namen Alexander V. annahm. Mit hellem Jubel ward diese Kunde in den Ländern, welche die Neutralität erklärt hatten, aufgenommen; aber er sollte nur zu bald verstummen: die Partei hatte nun auch ihren Papst.

In Cividale kam es nach der Wahl Alexanders zu einer zweiten Sitzung: Gregor ließ durch den Bischof Martin von Aprutium eine Erklärung vorbringen [1]), worin das Recht Urban VI. dargestellt, daraus das Recht der römischen Linie abgeleitet und beide Petri als Ketzer verdammt wurden — wie die Gegner vorausgesagt hatten.

Mehr Leben kam in die Verhandlungen, als die Gesandten Ruprechts und auch Gesandte des Königs Ladislaus eintrafen. Dieser hatte sich nach dem erfolglosen Zuge im Frühjahr in sein Königreich zurückgezogen und war durch das Bündnis seines Nebenbuhlers, Ludwig II. von Anjou, mit Florenz, Siena und Balthassar Kossa bedroht. Die Gesandten der beiden Könige und zwei andere gingen nach Venedig [2]), um die Wünsche des Papstes vorzutragen. Dort trafen sie zusammen [3]) mit den Gesandten der französischen Krone, der Könige von England und Böhmen, Papst Alexanders. Der Doge und die Mitglieder

---

1) RAYNALD, ann. eccl. 1409. § 82.
2) R. A. VI. 307.
3) MINERBETTI zu 1409, cp. 16; er nennt die Gesandten Ruprechts nicht. Cronaca Fermana di Antonio di Niccolò S. 38, wo von derselben Zusammenkunft erzählt wird, nennt Gesandte ... regis Boemio et Ungarie, electi imperatoris, regis Apulie et Gregorii, wo man wenigstens zweifelhaft sein kann, weil zwischen regis Boemie und el. imperatoris ‚et Ungarie‘ eingeschoben ist, ob electi imp. etwa Ruprecht gemeint wäre. Da gleich darauf ungenau berichtet wird, Gregor habe am 28. Aug. Friaul verlassen, wird man überhaupt nicht viel auf seine Genauigkeit geben. Von Vermittelungsversuchen der Venetianer berichten „ehrbare Leute" R. A. VI. 322.

des consiglio hörten zunächst die Vertreter Gregors, die Versprechungen machten, wenn sie am Papste festhielten. Daran fehlte es auf der andern Seite auch nicht¹); zudem war der Doge verstimmt, weil Gregor ihm die Beförderung eines Verwandten abgeschlagen hatte. Eine große Versammlung von Theologen und Rechtsgelehrten entschied sich für den Pisaner Papst; so beschloß der Rat die Anerkennung Alexanders²).

Am 23. August beriet er³) über eine Antwort an die Gesandten Ruprechts, die als kaiserliche behandelt wurden⁴), und Ladislaus'; man beschloß zu antworten, daß man ihre Darlegungen verstanden habe und durch eine Gesandtschaft dem Papst antworten lassen werde. Eine solche ward auch abgeschickt und Gregor bezeichnete einen Termin für seine Antwort⁵).

Für Gregor ward der Aufenthalt in Cividale wegen der Feindseligkeiten des Patriarchen und seines Anhangs immer gefährlicher. Er faßte den Entschluß, sich nach den Kirchenstaaten oder in das Reich des Ladislaus zu begeben und teilte dies dem deutschen König am 1. September mit⁶). Obgleich er ihm nach vielen schönen Redensarten darin versicherte, stets für seine Ehre und seinen Stand zu sorgen, konnte es für Ruprecht keine angenehme Nachricht sein, daß der Papst sich ganz Ladislaus in die Arme warf.

Am 5. September ward nun in einer dritten Sitzung⁷) des Konzils ein Vorschlag⁸) des Papstes verlesen, der die Mittel und Wege enthielt, welche er als geeignet für die Wiederherstellung der kirchlichen Einheit bezeichnete: Gregor erstrebt die Einheit der Kirche, aber durch die Vorgänge in Pisa ist diese nicht mehr auf Grund der Bestimmungen der Wahlkapitulation zu erreichen. Gregor ist bereit, auf die päpstliche

---

1) R. A. VI. 370. Gl. 106.
2) R. A. VI. 345,21 ff. am 21. Aug., nach MINERBETTI erging der Erlaſs am 22.
3) R. A. VI. 307.
4) R. A. VI. pg. 571,44ᵃ ff.
5) Dietr. de schism. III. 45.
6) R. A. VI. 308.
7) Dietr. de schism. III. 46.
8) R. A. VI. 309.

Würde zu verzichten, wenn dies persönlich und gegenwärtig Petrus de Luna und Petrus de Candia auch thun. Als Papst will er den anerkennen, der von zwei Dritteln der Kardinäle einer jeden Partei erwählt wird. Den Königen Ruprecht, Ladislaus und Sigmund erteilt er Vollmacht, mit den Gegnern über Zeit und Ort zu verhandeln. Wenn diese Bemühungen fehlschlagen sollten, so bevollmächtigt er sie, mit den Gegnern eine allgemeine Kirchenversammlung zu vereinbaren. Dort sollen die Beschlüsse von jeder der drei Parteien mit Stimmenmehrheit gefaßt werden. Dazu giebt er den Königen ein Jahr Frist und ist bereit, diese um ein Jahr zu verlängern, wenn sie ihm gehorsam bleiben. Zum Schluß spricht er den Wunsch aus, auch Karl Malatesta mit heranzuziehen.

Der Papst legt also die Entscheidung in die Hand der weltlichen Fürsten[1]), die ihm den Gehorsam noch nicht entzogen haben, während man sie in Pisa als Recht der Geistlichkeit und der Rechtsgelehrten in Anspruch genommen hatte. War nun dieser Vorschlag überhaupt ausführbar? Dietrich von Nieheim[2]) erhebt ein großes Geschrei über Gregors Bosheit und Hinterlist, wie sie seit Jahrhunderten nicht so arg dagewesen sei, und wundert sich, daß die Fürsten dies nicht gemerkt hätten. Mit volltönenden Worten weist er auf die Feindseligkeiten der drei Könige hin, die eine Verständigung nicht erhoffen ließen. Gregor befand sich in einer Zwangslage: um sie alle an sich festzuhalten, mußte er allen gleichen Anteil an der Entscheidung geben. Eine Vereinigung von Ruprecht und Ladislaus war gar nicht so ausgeschlossen; waren doch ihre Gesandten in Venedig vereint für die Interessen des Papstes eingetreten. Es war nur vernünftig, wenn Gregor einen engeren Zusammenhalt seiner Anhänger anstrebte, wenn er erklärte, sich vorläufig nicht um die Verhandlungen zu kümmern und die Last auf die weniger unmittelbar beteiligten Fürsten abwälzte. Aber die Pisaner Partei hoffte noch die Anerkennung ihres Papstes durchzusetzen und durfte nicht zugeben, daß er

---

1) Auf diese Wendung zu gunsten der staatlichen Mächte weisen schon hin HÖFLER, Ruprecht, S. 442 und DROYSEN, Geschichte der preußischen Politik. I. (Leipzig 1868) S. 178 f.

2) Dietr. de schism. III. 47—48.

gleich den abgesetzten behandelt wurde, selbst wenn er persönlich sich zur Abdankung hätte bereit finden lassen. Zuvor mußte klar werden, daß auf Grund der Pisaner Beschlüsse sich die Einheit eben nicht erreichen ließ. Ein Stillstand in der Arbeit an der Einigung mußte eintreten; wenn aber darüber weiter verhandelt werden sollte, so war es nur in der von Gregor angegebenen Richtung möglich, gleichviel ob die Könige geschlossen vorgingen oder vereinzelt.

Damit endete die Kirchenversammlung. Jetzt galt es, die von Ladislaus geschickten Galeeren zu gewinnen, um den Nachstellungen des Patriarchen und seiner Bündler zu entgehen [1]. Bis zum 8. September weilte Gregor noch in Cividale [2]; Schätze wurden versetzt, um Geld zu beschaffen [3], ein Teil der Kurialen und Kardinäle blieb unter dem Schutze der Bürger zurück [4]. Die Söldner des Patriarchen suchten den Papst zu fangen, doch entkam er nach Aprutium; von da wurde er unter dem Schutze der Mannen des Königs Ladislaus über Ortona und Fundi nach Gaeta gebracht. In dieser lieblichen und weinreichen Stadt weilte er nun sicher vor den Nachstellungen seiner Feinde, aber ohne glänzende Hofhaltung, ohne größeren Machtbereich, ohne in den Gang der Ereignisse einzugreifen, ein Schützling des Neapolitaners. Inzwischen tobte durch die Welt der heftigste Kampf um das Papsttum. Seit sein Konzil in Cividale so kläglich gescheitert war, seit er flüchtig und verfolgt die Stätte verlassen, wo eine glänzende Versammlung ihn hatte schützen sollen gegen die Anmaßungen der Pisaner, bleichte sein Stern mehr und mehr. Aber noch hielt er fest an seinen Rechten, noch beugte er sich dem Ansturm nicht. War dies nur Trotz oder war es das Pflichtbewußtsein und der Glaube an sein gutes Recht?

---

1) Über die Flucht des Papstes, den versuchten Überfall und was sich sonst daran knüpft: Dietr. de schism. III. 49. DE RUBEIS, Mon. eccl. Aquil. pg. 1018—1022.

2) Chronicon Aquilegiense, bei DE RUBEIS, pg. 1019.

3) Dietr. de schism. III. 50.

4) Brief Gregors an Cividale vom 4. März 1410 bei DE RUBEIS, pg. 1022.

§ 14. Der Kampf um die Obedienz in Deutschland.

Alexander V. hatte nach einem schwachen Versuche, auch an die Kirchenreform Hand anzulegen, das Pisaner Konzil am 7. August aufgelöst. Mit vollen Händen streute er Vergünstigungen aus, um sich Freunde zu gewinnen [1]). Seine Legaten gingen hinaus, für seine Anerkennung zu werben [2]). In Frankreich und England, denjenigen Staaten, die sich innerlich schon am meisten zusammengeschlossen hatten, gelang es, die Obedienz des neuen Papstes durchzuführen; Spanien hielt sich an Benedikt; der Osten Europas war wenig regsam, blieb aber, von Polen abgesehen, bei Gregor, auch König Sigmund von Ungarn [3]). Italien war gespalten: Gregor fand noch in Neapel und Norditalien Gehorsam [4]).

Im Reiche ward die Zersplitterung ärger denn je zuvor; während Clemens VII. und Benedikt XIII. nie dauernden Anhang in größeren Teilen Deutschlands und der zugehörigen Gebiete gefunden hatten, zerriß die Pisaner Neuwahl das ganze Land in Gegensätze, die mit den inneren Streitigkeiten verquickt zu den mannigfaltigsten Verwickelungen Anlaß gaben. Fürsten zwangen ihre Unterthanen zur Partei [5]). Bischöfe entschieden sich für den einen Papst, aber Äbte [6]) und niedere Geistliche [7]) ihres Sprengels hegten andere Meinung. Der Streit um die Bistümer verschlimmerte sich, als die Bewerber sich zu ver-

---

1) Dietr. de schism. III. 51, 53, Königshofen, Stdtchr. IX. pg. 615, vgl. die Vergünstigungen für Bischof Thimo von Meifsen Cod. dipl. Sax. reg. II. 2 (Urk. d. Hochstifts Meifsen) N. 806 bis 811.
2) z. B. R. A. VI. 284.
3) Noch im August 1410 verspricht Sigmund keine Feindseligkeit gegen Gregor XII. zu dulden, doch ohne ihn gerade offen anzuerkennen. R. A. VII. 11. s. R. A. VI. 370. Gl. 107.
4) Dietr. de schism. III. 50.
5) z. B. Herzog Heinrich von Braunschweig. Chron. Luneburgicum, bei Leibniz III. pg. 197.
6) So schlofs sich Abt Philipp des Schottenklosters zu St. Jakob in Regensburg Ruprecht an R. A. VI. 392, während der Bischof Alexander anhing. S. auch den Streit zwischen Bischof und Abt in Paderborn, Gob. Pers. Cosm. VI. cap. 90.
7) s. R. A. VI. 369. pg. 681,31 ff u. R. A. VI. 370. Gl. 135.

schiedenen Häuptern bekannten. Mancher trat von der einen Seite auf die gegnerische. Viele hielten sich ganz zurück, aus Gleichgiltigkeit oder Furcht. So wogte der Kampf hin und her und mehrere Bischöfe griffen ein als vom Papst bestellte Vorkämpfer. Von Gregor ward noch in Cividale am 5. September Matthäus von Worms zum Legaten für die Provinzen Mainz, Trier, Köln, Salzburg, Bremen und Magdeburg ernannt [1]: soweit erstreckte sich der Abfall. Legat Alexanders wurde der Erzbischof von Mainz [2].

König Ruprecht konnte, wenn er die Vorgänge in Pisa betrachtete, sich lebhaft in die Zeit versetzt fühlen, da er selbst an der Absetzung Wenzels gearbeitet hatte. Wie damals der Reichsadel gegen den König, so hatten sich jetzt die höchsten Würdenträger der Kirche gegen den Papst erhoben. Beide hatten ihren Herrn vor ein Gericht geladen, ohne daß der Beklagte seine Richter als zuständig anerkannt oder der Vorladung Folge geleistet hätte. Aber in Pisa wie in Lahnstein war man ohne gründliches Verfahren, ohne eine Verständigung zu suchen, rasch vorgegangen, nur um rasch zum ersehnten Ziel, zur Entthronung des Oberhauptes, zu gelangen.

Wie kam es nun, daß Ruprecht den Kardinälen genau das vorwarf, was er früher sich selbst hatte zu Schulden kommen lassen? Ruprecht war im Grunde eine rechtliche Natur. Gewiß war er von der Berechtigung und Zweckmäßigkeit seines Verfahrens überzeugt gewesen; aber das Gefühl einer gewissen Verschuldung mag in ihm doch nicht erloschen sein. Das Schauspiel, welches ihm jetzt die Kardinäle boten, mußte sein eignes Vergehen grell beleuchten und ihn abstoßen. Obendrein hatte er es an sich erfahren, daß der Versuch, durch einen Gewaltakt die vorhandenen Mißstände abzuschaffen, gescheitert war. Kein Wunder, wenn Ruprecht, von allen andern Bestimmungsgründen zu schweigen, auch persönlich gegen das Gebahren der Kardinäle Abneigung empfand, zumal er dem Papste zu Dank verpflichtet war.

Seine Aufgabe war nach allem, was geschehen war, deutlich vorgezeichnet: es galt die Obedienz Gregors soweit aufrecht zu

---

1) R. A. VI. pg. 722. Anm. 1; weitere Vollmachten s. R. A. VI. 395. Dazu eine Eidesformel 394.
2) Dietr. de schism. III. 53. R. A. VI. 370. Ol. 155.

erhalten, als es möglich war. Jetzt entfaltete der König eine
rege Thätigkeit, deren er sich bisher in der Kirchenfrage nie
beflissen hatte. Ende August versandte er ein drittes Rundschreiben an Fürsten und Städte [1]). Darin legt er dar, daß
die Kardinäle in Pisa einen zweiten Gegenpapst aufgeworfen
haben, ohne die Einheit der Kirche herzustellen. Denn viele
mächtige Könige, Fürsten und Städte kehren sich nicht daran.
Die Versammlung ist kein allgemeines Konzil gewesen, weil der
römische König Einspruch erhoben hat und vieles dort nicht
Rechtens zugegangen ist. Die Kardinäle haben alles mit den
Franzosen abgekartet und viele durch Bestechung gewonnen,
auch sich nicht nachgiebig gezeigt wie Gregor. Sie haben
Wenzels Gesandte als die des römischen Königs wider alles
Recht anerkannt und auch darin im Sinne der Franzosen gehandelt. Der König erklärt nun bei Gregor verbleiben zu
wollen und mit ihm gemeinsam für die Einigung der Kirche
sich zu mühen; darum bittet er auch seine Stände.

Das Antwortschreiben Straßburgs [2]) schlägt sofort den Ton
an, den die Städte während der folgenden Verhandlungen festhalten: für diese kirchliche Angelegenheit haben sie als Laien
wenig Verständnis, sie befassen sich nicht gern tiefer damit,
sondern überlassen es denjenigen, an denen es ist, die Sache
zum Austrag zu bringen. Ähnlich antwortete der Rat von
Frankfurt am 17. September [3]). Solche Redensarten waren dem
König nichts nütze; er bedurfte einer klaren unzweideutigen
Antwort. Denn schon im September war er der Überzeugung [4]),
daß es zum Kriege kommen würde. Sein Plan war, sich der
Mitwirkung der großen Städte am Rhein, in Franken und Schwaben zu versichern, um die drohende Empörung mit den Waffen
niederzuwerfen [5]), wie er einst auch sofort gegen den Marbacher
Bund hatte losschlagen wollen [6]).

---

1) R. A. VI. 285 u. 286; datiert 21.—25. August.
2) R. A. VI. 287.
3) R. A. VI. 288, 290.
4) Dies sehen wir aus dem ersten Schreiben an Worms,
welches der König selbst im Auszug R. A. VI. 366 am 4. Okt.,
sicher einige Zeit danach, mitteilt.
5) Zorn, pg. 174 versichert dies für Worms.
6) R. A. VI. 21. Art. 1.

Auf eine zweite Anfrage des Königs faßten die Straßburger ihren Standpunkt schärfer [1]): sie haben sich während der Spaltung an Köln angeschlossen und fürchten, wenn sie sich der Sache annähmen, nur Verwirrung anzustiften. Das war trotz des Wunsches, daß Gott den königlichen Herrn lange Zeit erhalten möge, eine abschlägige Antwort. In Straßburg geriet die Geistlichkeit in große Angst [2]): man befürchtete durch Alexander, wenn man ihm die Anerkennung weigerte, Schaden zu erleiden; wieder, wollte man ihm gehorsam sein, drohte des Königs Zorn. Am 1. Oktober machte Ruprecht auch mit Frankfurt einen zweiten Versuch, eine bestimmte Antwort zu bekommen, indem er Hermann Rodenstein dahin entbot [3]). Der Rat machte Ausflüchte und Hermann zog mit dem Schreiben vom 17. September wieder ab [4]).

Die fränkischen Städte berieten sich untereinander [5]). Nürnberg hielt die Sache für so schwierig, daß es nichts Schriftliches darüber von sich geben wollte. Nach Schwaben schickte Ruprecht seinen Hofmeister, den Grafen Friedrich von Öttingen und Hans von Hirschhorn [6]). In Ulm fanden mehrmals Städtetage statt, doch kamen mehr innere Angelegenheiten zur Sprache [7]).

Einen größeren Druck vermochte der König auf die näher gelegenen Städte Worms und Speier auszuüben, wo auch die Geistlichkeit zu ihm und seinem Papst hielt. Zwar suchte der Wormser Rat den König mit einer Antwort, wie wir sie schon kennen, abzufertigen, und zeigte wenig Lust, wegen der Päpste in einen Krieg sich zu stürzen, da auch diese sich wenig um sie kümmern. Nur wenn von Reichswegen jemand dem König Unrecht zufügen würde, wollte er Hilfe den Eiden gemäß zusagen [8]). Schließlich aber wurden die Wormser durch die

---

1) R. A. VI. 291.
2) KÖNIGSHOFEN, bei HEGEL, Städtechroniken. IX. pg. 615 f.
3) R. A. VI. 365.
4) R. A. VI. 401. 3.
5) R. A. VI. 289.
6) R. A. VI. 364.
7) R. A. VI. 364 u. 368.
8) R. A. VI. 366 u. 367; vgl. ZORN, Wormser Chron. S. 174 und ausführlicher nach alten Quellen SCHAAB, Gesch. d. gr. rhein.

speierschen Gesandten, die davon sprachen, daß der König mit ganzer Macht Worms angreifen wolle, veranlaßt, Gregor einfach anzuerkennen [1]). Aber Ruprecht traute ihnen nicht recht.

Überhaupt ward im Oktober die Lage verschärft. Ruprecht hatte von einem guten Freunde eine Abschrift jenes Vertrages erhalten [2]), den die Gesandten Wenzels am 8. Juni mit den Kardinälen abgeschlossen hatten. Das benutzte er, um wieder Enthüllungen zu machen und von Reichswegen das zu fordern, was man von der Kirche wegen ihm weigerte.

Freilich von wirklichen Folgen war jener Vertrag nicht gewesen. Wenzels Gesandte wurden auf der Rückreise von einigen österreichischen Grafen gefangen gehalten [3]) und kamen erst spät zurück. Wenzel bestätigte den Vertrag [4]), aber zur Ausführung schritt er nicht. Noch während des Pisaner Konzils hatte der Streit an der Prager hohen Schule zur Auswanderung der Deutschen geführt. Die Wirren in Böhmen mögen Wenzel vollauf beschäftigt haben. Vielleicht begnügte sich auch die böhmische Reformpartei, die ja im Winter 1408 auf 9 die treibende Kraft gewesen war, mit den erzielten Erfolgen und wünschte gar nicht, daß der König mit den Reichsangelegenheiten sich eingehender befasse. Kurz, Wenzel ließ es dabei bewenden, vom neuen Papste anerkannt zu werden und kam überdies mit ihm selbst bald in Zwist, als er sich in die Wirren in Friaul durch die Ernennung eines Statthalters, des Grafen von Ortenburg, einmischte [5]). Diesen Eingriff in

---

St.-Bundes S. 427; doch sind die dort mitgeteilten Aktenstücke nicht so genau wiedergegeben, um uns ein sicheres Urteil darüber zu ermöglichen, wie weit wir unsere Aktenstücke aus den R. A. in jene Erzählung einreihen dürfen. Manches stimmt, z. B. dafs der König mit seinem zweiten Boten Antwort haben will; andres nicht: wenn die Wormser in der ersten Antwort ihre Zufriedenheit mit ihren Pfaffen ausgesprochen hatten, wie kommt der König dazu, zu sagen: alz wir doch wol meinen daz ir uch daruf anderes bedenken und bi uwerm bischuf und pfaffheit verliben sollent. Darum sind die Stücke in den R. A. unsern Angaben zu Grunde gelegt worden.

1) Zorn und Schaab a. a. O.
2) R. A. VI. 371.
3) R. A. VI. pg. 586,42 ff.
4) Am 10. Dez. 1409 dankt Alexander V. dafür. R. A. VI. 323.
5) R. A. VI. pg. 343,48 am 11. Okt.

die Rechte des Papstes wies Alexander zurück[1]); überhaupt zeigte er keine Lust, für Wenzel viel zu thun. Wenzel unternahm es, am 29. Oktober einigen Reichsstädten die Steuerzettel zu schicken [2]), was diese sofort an Ruprecht mitteilten [3]). Davon war nicht die Rede, daß etwa die Anhänger Alexanders Wenzel einhellig anerkannt hätten; dazu machte dieser nicht einmal die erforderlichen Anstrengungen. Zwar hatte jeder Papst seinen König und jeder König seinen Papst. Aber die Parteinahme der einzelnen Glieder des Reiches stand in deren Belieben.

Der entschiedenste Gegner Ruprechts war der Mainzer Erzbischof. Wie sich das Verhältnis beider im Frühling dieses bedeutungsvollen Jahres gestaltet hat, läßt sich nicht verfolgen. Zu der politischen Gegnerschaft gesellten sich Streitigkeiten, die in den Verhältnissen ihrer Gebiete den Ursprung hatten. Namentlich mußten jene Vergünstigungen Gregors den König in Feindschaft mit dem Erzbischof verwickeln; galt es doch nichts geringeres, als jenen aus seinen Rechten und Einkünften zu vertreiben. Und Ruprecht mag in seinem Lande die aus Erzbistum fälligen Abgaben an sich genommen haben. Denn am 16. Oktober schloß der Mainzer mit dem Erzbischof Friedrich von Köln einen Bund, sich mit aller Macht beizustehen, wenn jemand sie um ihrer kirchlichen Haltung willen schädigen oder gar verdrängen wollte [4]).

Am 29. September erschien nun ein Schreiben[5]) des kurmainzischen Protonotars und Rates Johannes von Bensheim [6]).

---

1) DE RUBEIS, Mon. eccl. Aquil., Schreiben des Papstes an Wenzel, Bologna V. Kal. Febr. 1410, also vom 28. Januar; ferner ein Schreiben des Patriarchen Antonio de Pontugruario an Wenzel. pg. 1023 u. 1028.
2) R. A. VI. 373.
3) R. A. VI. 374, 375.
4) R. A. VI. pg. 717. Anm. 1. Bedeutungsvoll ist die Bestimmung, die Kapitel sollen keinen neuen Erzbischof zulassen. Natürlich hat der Zusatz, dafs der König wie üblich ausgenommen wird, nichts zu sagen.
5) R. A. VI. 369.
6) TOEPKE, Matrikel I. 14: Iohannes dictus Neyfer de Benshem, Magunt. dioec. intituliert 1386 — 23. März 1387 (unter dem ersten Rektor), bacc. in art. II. 364: decan 1393, vicedecanus 1397.

Ohne viel Geist zu entwickeln, giebt er ganz im Sinne der Kardinäle eine Geschichte der Einigungsbestrebungen und tritt für ihr Berufungsrecht ein; den in den Postillen behaupteten Einfluß der Franzosen weist er mit der Bemerkung zurück, daß sie nach einem in der Obedienz Gregors gelegenen Orte gekommen sind und einen römischen Kardinal zum Papst gewählt haben. Alexanders einmütige Wahl, die Freude darüber in der ganzen Welt, seine versöhnliche Gesinnung wird hervorgehoben: dies Werk Gottes muß zum Siege kommen. Er fürchtet für König Ruprecht, der, ohne die Ratschläge seiner Fürsten zu beachten, verführt durch die Heidelberger Gelehrten, sich dagegen auflehnt. Zum Schluß bittet er die beiden, an die die Schrift gerichtet ist, zwei Mitglieder der Heidelberger Universität, Nikolaus Burgmann, Dekan der Kirche in Speier[1]) und Jakob von Hambach, Dekan der Kirche von Worms[2]), den König umzustimmen.

Bensheim verfolgte zunächst die Absicht, in die beiden Hochburgen der Partei Gregors, Worms und Speier, eine Bresche zu legen. Gerade die Stifter dieser Städte hatten kurz zuvor Ruprechts Schutz gegen die Zusicherung an Gregor zu halten erlangt[3]). Und Johann von Nassau hatte Ursache, mit dem Wormser Bischof, dem Legaten des abgesetzten Papstes, dem ein Teil seiner eigenen Rechte übertragen worden

---

WINKELMANN, Urkundenbuch II. Reg. 108: 1398 hat er wenigstens zeitweilig die Universität verlassen. Er war (Mon. Zoll. VI. 395, pg. 414, 2. Sept. 1407) Custos zu St. Peter extra mur. Mogunt. Protonotar (R. A. VI. pg. 28,21) und Rat des Erzbischofs von Mainz. Über seine Thätigkeit in dessen Diensten s. R. A. VI. 24, 27, 28, 141.

1) Intituliert (TOEPKE I. pg. 9 u. 32) im Sommer 1388, decr. bacc., später decr. lic. und decr. dr., auch mehrere Male Rektor der Universität, TOEPKE II. 608 ff. Er war Rat des Königs, an den Verhandlungen über den Ehevertrag mit Blanka von England beteiligt. R. A. V. pg. 13,19, 14,6 an Verhandlungen mit dem Kapitel des Stiftes zu Trier. V. pg. 368,43, ferner in Geldangelegenheiten verwendet. V. pg. 548,46ᵃ ff., pg. 547,34ᵇ ff., vgl. R. A. VI. 674. Anm. 1.

2) Intituliert (TOEPKE I. pg. 15) im Frühjahr 1387; WINKELMANN, Urkb. I. pg. 88,31 clor. Trev. diöc.

3) R. A. VI. 391.

war, unzufrieden zu sein. Jetzt griff er zu dem bedenklichen Mittel, Zwietracht gegen den Bischof im Kapitel zu säen. Aber Bensheims Schreiben hatte den Zweck, auch in weiteren Kreisen die kurmainzische Politik zu rechtfertigen und die des Königs zu verunglimpfen [1]). Man darf annehmen, daß die Schrift besonders gegen Konrad Koler [2]) und die Bischöfe von Worms, Verden und Speier sich richtete, ein Versuch, den König von seinen Ratgebern zu trennen.

Die angegriffenen Kreise der Heidelberger Universität antworteten mit einer Streitschrift [3]), wiederum in Glossen abgefaßt, in überaus scharfer und rücksichtsloser Sprache. Zunächst wird der offizielle Charakter des Bensheimschen Schreibens festgestellt. Die Politik Ruprechts wird mit den hergebrachten Gründen verteidigt, zu den alten Schlechtigkeiten der Kardinäle neue gefügt, auch der übereilte Gang des Prozesses gegen die Päpste und die politischen Ereignisse des Sommers und Herbstes berührt. Die Lage Gregors wird günstig geschildert. Der Verfasser schreibt in der Zeit, wo der erste Angriff auf Rom abgeschlagen war und Ludwig von Anjou und Kossa den Rückzug angetreten hatten. Alexander wird als ehemaliger Ratgeber Galeazzos und darum Ruprechts Feind bezeichnet. Gegen Ende spitzt sich die Schrift mehr und mehr zu einem scharfen Angriff auf den Mainzer Erzbischof zu, der nicht aus Überzeugung, sondern nur um seine selbstsüchtigen, aus Herrschsucht geborenen, auf eine unerhörte Unterdrückung der Untergebenen seines Gebietes abzielenden Pläne durchzuführen, sich den Pisanern angeschlossen hat [4]).

---

1) Schon in der Gegenschrift, Glosse 1, heifst es: creditur ad diversas mundi partes atque personas applaudendo gestis Pysanis adulatorie fabricata.

2) R. A. VI. pg. 682,18 ff.

3) R. A. VI. 370.

4) Glosse 155. Dafs sich diese Nachricht trotz des gehässigen Gewandes, in dem sie hier auftritt, verwerten läfst für die Erklärung der kirchenpolitischen Absichten des Mainzers, ist schon S. 36 berührt worden. Johann benutzte offenbar geschickt die kirchliche Lage, um die Übergriffe Roms in die Verwaltung seines Erzbistums abzuwehren; dafs er seinerseits den Bischöfen seiner Provinz Abbruch gethan, ist sehr glaublich.

Ruprecht war gewiß bereit, dies Wortgefecht mit dem Dreinschlagen der Waffen zu begleiten. Da er aber aus den Verhandlungen mit den Städten entnehmen konnte, wie wenig auf ihre Unterstützung zu rechnen war, mußte er vorläufig auf den Kampf verzichten, zumal der Spätherbst hereinbrach. So kamen diese Verhandlungen zum Stillstand und man besprach sich wieder über Münzangelegenheiten, ein Beweis, daß die Aussichten friedlicher waren.

Auch Erzbischof Johann faßte den Zusammenstoß nicht als einen unmittelbar bevorstehenden auf. Er suchte sich auf den Marbacher Bund zu stützen, der ja noch fortbestand, und berief ihn (19. Okt.) zu einem Tage nach Heilbronn, doch erst auf den ersten Dezember [1]). Johann trug sich mit weitgehenden Plänen, er arbeitete geradezu auf die Beseitigung Ruprechts hin [2]). Freilich dachte er nicht daran, Wenzel wieder auf den Thron zu erheben [3]); doch war es ein naheliegender Vorwand, im Dienste Papst Alexanders sich von Ruprecht loszusagen. Bei diesem gefährlichen Unternehmen schuf er sich eine mächtige Hilfe: Frankreich. Er wurde, wir wissen nicht, wann [4]) — Vasall des französischen Königs, zunächst um sich seines Schutzes zu versichern, wenn er wegen der Anerkennung Alexanders und der Pisaner Beschlüsse angegriffen würde [5]). Damit war — gerade durch die kirchenpolitische Entwickelung — der drohende Ring geschlossen: Frankreich hatte sich mit den aufsässigen Reichsständen vereinigt und in Pisa an der Anerkennung Wenzels teilgenommen.

Doch hielt sich der Erzbischof noch nicht für gewachsen, dem Könige, der so entschlossen auftrat, die Spitze zu bieten [6]);

---

1) R. A. VI. 377.

2) de rebus gestis Archiepiscoporum Maguntinensium aus dem Ende des 15. Jahrhunderts. Eine Stelle gedruckt bei BODMANN, Rheingauische Altertümer. I. (Mainz 1819) pg. 159.

3) Dann hätte er es 1410 zu keiner Neuwahl kommen lassen.

4) HUCKERT, D. Pol. d. Stadt Mainz .. pg. 76: bestimmt es ungefähr Ende 1409 oder Anfang 1410. Das wird richtig sein.

5) So R. A. VI. pg. 747,8 ff. Natürlich lag es dem Mainzer daran, eine Stütze für seine reichspolitischen Pläne zu gewinnen.

6) Ruprechts Stellung war gar nicht so verzweifelt, als dies gewöhnlich dargestellt wird. Seine Regsamkeit ließ die Gegner gar nicht so weit aufkommen, wie seiner Zeit Wenzel.

er suchte ihn hinzuhalten und ihn über seine geheimen Absichten zu täuschen, indem er die Streitigkeiten über Rechtsansprüche in den Vordergrund rückte. Auf dem erwähnten Heilbronner Tage strebte er eine Vermittelung mit dem Könige durch Herren und Städte des Bundes an, die ja teilweise gute Beziehungen zu Ruprecht hatten. Diese erklärten sich dazu bereit und wirkten in Heidelberg dafür; der König aber nahm das übel auf und erteilte eine ablehnende Antwort, so daß die Besorgnis rege ward, es beiden nicht recht gemacht zu haben. Eine Antwort über die Erfolglosigkeit der Bemühungen ward dem Mainzer zunächst gar nicht zugestellt; erst am 26. Dezember mahnte Speier die Straßburger, doch mit den Wormsern gemeinsam eine Mitteilung an Johann gelangen zu lassen [1]).

Sehr bald nach diesem Vermittelungsversuch ging Ruprecht von neuem daran, die Städte zu gewinnen. Er glaubte dies am besten durch gemeinsame Beratungen erreichen zu können und beschied daher die Städte zu einem Tage nach Heidelberg auf den 22. Januar [2]), um über die schweren Schäden der Kirche mit ihnen Rats zu pflegen, mit ihrer und seiner Fürsten Hilfe sie zu bestehen und den Frieden zu wahren.

Zur festgesetzten Zeit trat der Tag zusammen. Augsburg [3]) und Frankfurt [4]) waren nachweislich da, auch Nördlingen [5]) und Nürnberg [6]); Straßburg und Basel verhandelten über gemeinsame Reise [7]); auch Ulm und die Städte des schwäbischen Bundes wollten schicken [8]). Die Kirchenfrage und die Verhältnisse im Reich kamen zur Sprache [9]). Meister Job Vener trug des Königs Forderungen vor [10]); die Städteboten traten aber aus dem Rahmen ihrer Politik nicht heraus, vielmehr eilten sie ohne eigentlichen Beschluß nach Hause, um

---

1) R. A. VI. 378.
2) R. A. VI. 379.
3) R. A. VI. 388,8.
4) R. A. VI. 390,2.
5) R. A. VI. 389,2.
6) R. A. VI. 387.
7) R. A. VI. 386.
8) R. A. VI. 385.
9) R. A. VI. 390,2. 388,8.
10) R. A. VI. 400. pg. 729,27.

mit ihren Räten Rücksprache zu nehmen. Vielleicht wurde ausgemacht, auf einem zweiten Städtetag, den schon Ulm in einem Schreiben an Straßburg (12. Jan.) in Vorschlag gebracht hatte, in Speier sich zu treffen [1]).
Auch die Mainzer Angelegenheit wurde verhandelt [2]). Der Kurfürst wandte sich an die Städteboten mit einem Schreiben (21. Jan.) [3]), worin er seine Zwistigkeiten mit Ruprecht und seine vergeblichen Versuche, einen Ausgleich herbeizuführen, darstellte, ein Schiedsgericht zur Beilegung des Streites vorschlug und bat, in diesem Sinne beim König zu wirken. Die Städte berieten darüber [4]) und kamen überein, der Bitte zu willfahren: mußte doch ein gütlicher Vergleich ihnen gerade recht sein. Der König versprach, wenn gewisse Bedingungen erfüllt würden, sich auf einen Schiedstag einzulassen. Am 23. Februar kamen nun die Städteboten in Speier wieder zusammen [5]), um eine Antwort an den König zu beraten. Hier wurden vermutlich zwei Nürnberger Entwürfe vorgelegt [6]), die uns erhalten sind. Aber Augsburg, Ulm und die andern Städte des schwäbischen Bundes, Nürnberg mit Windsheim, Schweinfurt und Weißenburg, endlich Frankfurt [7]), Friedberg und Gelnhausen einigten sich zu einem Entwurfe [8]), der ungünstiger war

---

1) R. A. VI. 385. pg. 713,32 ff.
2) R. A. VI. 390. 2.
3) R. A. VI. 396.
4) R. A. VI. 397. Der ganze Zusammenhang lehrt, daſs es eine glänzende Vermutung von WEIZSÄCKER war, dies Stück hier einzureihen. Einen weiteren Beweis für ihre Richtigkeit erblicke ich darin, daſs Frankfurt wirklich die Sache weiter verfolgt und zur Zeit des hier gestellten Termins wieder Städteboten beim Könige eintreffen, vgl. pg. 730,25 ff.
5) R. A. VI. 388, 8. pg. 716,3. Der Rechnungstermin kann nicht wohl gemeint sein, da diese stets an der Spitze der Posten stehen und dieselbe Gesandtschaft mit demselben Datum Art. 10 wiederkehrt. Vgl. pg. 659. — R. A. VI. 389,3, 390,3.
6) R. A. VI. 399.
7) Frankfurt steht mit in der Überschrift; in der Unterschrift ist vielleicht darin eine Spur von Frankfurt zu entdecken, daſs Frideberg (oder nur die Buchstaben Fr.?) doppelt geschrieben ist, pg. 730,29 vgl. Anm. 1.
8) R. A. VI. 400. Der Grund, daſs die Rheinstädte, wenigstens Worms und Speier nicht mit dabei waren, war wohl der, daſs sie,

als die Nürnberger: anstatt der Anerkennung, die der Haltung des Königs in der Kirchenfrage da gezollt wird, steht hier die Hoffnung zu Gott, daß solche Irrung beseitigt werde, also eine nichtssagende Redensart. Beistand für die Zukunft wird verheißen, wie sie von Reichswegen schuldig sind. Das war nicht, was der König wünschte, eine bindende Erklärung, auf die er sich verlassen konnte, um kühn und durchgreifend vorzugehen. Und obendrein war dieser Beschluß wieder nur ein Entwurf; die Boten gingen heim, die Zustimmung des Rates einzuholen. Nur die Frankfurter begaben sich sofort zum König und darauf nach Wiesbaden zum Erzbischof von Mainz [1]).

Während aber die Städte in ihrer Lauheit zu keinem Entschluß kommen konnten, handelte Ruprecht. Anfang März eilte er in Begleitung seiner Söhne Ludwig und Otto nach Marburg auf einen Fürstentag. Herzog Heinrich von Braunschweig und Lüneburg [2]), der Landgraf von Hessen, der an Gregor festgehalten hatte [3]), und Herzog Erich von Braunschweig trafen dort mit dem Könige zusammen. Burggraf Friedrich war in Geldnot geraten und richtete damals schon seine Blicke auf Sigmund von Ungarn [4]).

König Ruprecht, seine Söhne und obige Fürsten schlossen am 4. März einen Bund [5]), von Gregor nicht zu lassen, bis sie es mit Recht und gutem Gewissen thun könnten, in Sachen des Reiches bei einander zu bleiben und Ruprecht als rechten König festzuhalten. Jeden Angriff wollen sie gemeinschaftlich abwehren, widerspenstige Unterthanen strafen und dem geistlichen Gericht Beistand leisten. Ein besonderer Vertrag ward abgeschlossen wider den Mainzer Erzbischof [6]): vor dem 24. Juni soll ihm Krieg angesagt, mit ganzer Macht ein Feldzug eröffnet

---

wie oben erzählt, schon zum König eine bestimmte Stellung eingenommen hatten.

1) R. A. VI. 390,3.
2) Ein Schreiben Gregors an ihn vom 3. Sept. 1409, worin er ihn wegen seiner Treue belobt, ist angeführt R. A. VI. pg. 572. Anm. 1.
3) JANSSEN, Frankfurts Reichscorrespondenz. I. N. 356. pg. 150 f.
4) DROYSEN. Gesch. d. preufs. Pol. I. 183.
5) R. A. VI. 403.
6) R. A. VI. 404.

und kein Friede geschlossen werden, bis nicht Ruprecht Sühne geleistet und die Forderungen Herzog Erichs und des hessischen Landgrafen erfüllt sind. Dies Bündnis soll gelten bis zum Tode Johanns; wenn einer unter ihnen mit ihm in Zwist kommt, so sollen ihm alle, zwei Monate nach seiner Mahnung, Hilfe bringen.

Das war ein Bund der Beleidigten gegen den Beleidiger, nicht von Reichswegen geleisteter Beistand gegen einen Empörer; aber Ruprecht hatte jetzt eine Partei, auf die er sich stützen konnte. Ein Versuch, Herzog Bernhard zu Braunschweig und Lüneburg und seinen Sohn Otto zum Beitritt in den Bund zu bewegen, mißlang[1]). Am 5. März erließ nun Ruprecht das Gebot an alle Reichsstände[2]), dem ehrwürdigen Bischof Matthäus von Worms, den Papst Gregor zu seinem Legaten ernannt, und Bischof Ulrich von Verden, dem jener einen Teil seiner Vollmacht urkundlich abgetreten hat, den Beistand zu leisten, den die weltliche Macht der geistlichen zu leisten schuldig ist.

An demselben Tage verschied Bischof Matthäus[3]); in ihm verlor der König einen seiner treusten, thätigsten und begabtesten Anhänger. Das Bistum ward neuen Wirren überliefert: man wählte Johann von Fleckenstein zu seinem Nachfolger, der auch auf Seite Gregors stand. Aber der Erzbischof von Mainz erklärte jenen nicht anzuerkennen, drohte mit dem Interdikt und brachte die Wormser dazu, daß sie dem neuen Bischof die Thore schlossen, obschon er die Bestätigung Gregors erlangt hatte[4]).

Zu Ostern (23. März) waren wieder Vertreter von Städten

---

1) R. A. IV. 405; vgl. die schöne Darlegung WEIZSÄCKERS pg. 661 ff.

2) R. A. VI. 406.

3) ZORN, Wormser Chronik pg. 158. SCHANNAT, hist. ep. Worm. I. pg. 407.

4) ZORN, Wormser Chronik, pg. 174 f. Zusätze bei SCHAAB, Gesch. d. rhein. Städtebunds, I. pg. 428. — SCHANNAT, hist. ep. Worm. I. pg. 409. Diese Darstellung des Wahlvorgangs ist verwirrt. Daran, den Mainzer Erzbischof aufzustellen, hat man gewifs nicht gedacht.

(Augsburg, Frankfurt, Nördlingen) in Heidelberg[1]), um die Antwort auf die königlichen Forderungen zu überbringen, zugleich in der Mainzer Angelegenheit. Auch der Marbacher Bund hielt am 28. einen Tag, um eine Vermittelung zwischen König und Erzbischof anzubahnen[2]). Aber der Streit war nicht mehr gütlich beizulegen. Besonders verdroß Ruprecht das Verhältnis des Mainzers zu Frankreich, welches ihm nicht verborgen blieb[3]). Er erkannte darin mit Recht eine Gefahr, die im Keimen erstickt werden mußte, wenn sie ihm nicht über den Kopf wachsen sollte.

Ruprecht blieb nicht ruhig. Mitte April hielt er wieder einen Fürstentag zu Nürnberg. Seine Söhne Stephan und Johann, Graf Friedrich von Öttingen, Bischof Rhaban von Speier und die ersten seiner Kanzlei begleiteten[4]) ihn. Der Erzbischof von Riga, eine Reihe von Äbten und Edlen war zugegen[5]). Hier erklärten[6]) die anwesenden Bischöfe Albrecht von Bamberg, Johann I. von Würzburg, Friedrich IV. von Eichstädt, sowie die Dekane und Kapitel ihrer Kirchen, Gregor und seine Nachfolger als wahre Päpste anzuerkennen, bis sie nach ihrem Gewissen besser davon unterwiesen wären; sollte dies einmal eintreten, so wollen sie sich vorher die Rechte und Würden ihrer Stifter wahren. War dies auch kein glänzender Erfolg, so war es doch eine Rückendeckung in dem beginnenden Kampf gegen Johann von Nassau. Auch gelang es, mit Johann von Nürnberg einen Ausgleich ihrer Zwistigkeiten einzuleiten (19. April)[7]). Und das war wichtig; denn Johann war wieder in ein näheres

---

1) Die Angabe R. A. VI. 388,8: von der antwurt wegen der päbst, resurrexi mufs, wie schon die frühere, ebenfalls auf die Zeit der Gesandtschaft zum Könige bezogen werden. — R. A. VI. 389,3, R. A. VI. 390,4. Vielleicht ist dieser Tag auch von Strafsburg beschickt worden, pg. 732,12 ff., vgl. pg. 660,26 ff.

2) R. A. VI. 402,2.

3) Dies ersehen wir aus R. A. VI. 413. pg. 747,7 u. 414. pg. 748,7 ff.

4) R. A. VI. 409.

5) R. A. VI. 410.

6) R. A. VI. 408.

7) Mon. Zoll. VI. N. 550. pg. 604.

Verhältnis zu Wenzel getreten¹). Darauf eilte Ruprecht rasch nach Heidelberg zurück, zum Krieg entschlossen.

Auch der Erzbischof hatte sich nach Bundesgenossen umgesehen; im Januar war er in die Gesellschaft zum Luchs eingetreten²). Jetzt verband sich Bischof Wilhelm von Paderborn, der erst an Ruprechts Seite bei Gregor ausgehalten hatte, mit ihm³), zwar nicht gegen den König, sondern gegen den Landgrafen von Hessen (10. März). Am 24. April gewann er den Grafen Johann von Nassau mit der Huben, seinen Verwandten zu seinem Helfer⁴). Auch Bischof Wilhelm von Straßburg trat auf seine Seite⁵). Er ließ Eltville befestigen⁶): dieser Ort lag am Rhein, westlich von Mainz, in der Nähe der Stelle, wo das kurpfälzische Gebiet den Rhein streifte. Er fürchtete also einen Angriff vom Rheingau her.

Da mischte sich Frankreich ein⁷). Am 20. Mai entsandte Herzog Anton von Brabant, der sich seit seiner Vermählung mit der Elisabeth nach dem Übereinkommen mit Wenzel, einen Markgrafen des Reiches nannte, ein Schreiben an den Rat von Frankfurt, am 21. folgten Schreiben des Königs und des Herzogs von Burgund: sie haben gehört, daß Ruprecht, Herzog zu Bayern, der sich als römischen König aufspielt, Streitkräfte gegen ihren ganz besonders guten Freund, den Mainzer Erzbischof, wegen seiner Stellung zum Pisaner Papst und zur Krone Frankreich angesammelt hat. Der Krieg entbehrt eines wirklichen Grundes, ist ungerecht, gegen die Ehre der Kirche und eine Beleidigung des französischen Königs. Der Rat von Frankfurt soll Ruprecht bewegen, vom Kriege abzustehen, sonst wird Frankreich eingreifen; will er nicht hören, sollen sie den Mainzer unterstützen. Allerdings war die von Frankreich drohende Gefahr nicht so übermächtig, als es den Anschein haben könnte. Denn das

---

1) Mon. Zoll. VI. N. 539 u. 540. pg. 596 f.
2) Gudenus, cod. dipl. Mogunt. IV. pg. 57 f.
3) R. A. VI. pg. 664,23 ff.
4) R. A. VI. pg. 664,28 ff.
5) R. A. VI. pg. 656,38 ff.
6) de rebus gestis Archiepiscoporum Magunt.; bei Bodmann I. S. 159.
7) R. A. VI. 412—414.

königliche Haus war in steter Zwietracht; zudem begannen die Engländer wieder ihre Angriffe auf französischem Boden. Es sollte Frankfurt erspart bleiben, sich darüber schlüssig zu machen, welche Antwort auf jene schmähliche Zumutung zu erteilen sei. Als Ruprecht von Nürnberg mit größter Eile heimgekehrt war, gönnte er sich keine Ruhe; er rückte gegen den Rheingau vor. Die Möglichkeit einer französischen Einmischung hielt ihn nicht ab, einen aufsässigen Unterthanen zu züchtigen. Er kam bis Oppenheim; da erlag er der Anstrengung. Am 18. verschied er nach kurzer Krankheit nach einem Leben, so reich an Mühen und so arm an dauerndem Erfolg [1]).

§ 15. Rückblick.

Halten wir einmal Umschau über den Machtbereich der beiden Päpste in diesem bedeutungsvollen Augenblicke. Leider sind wir auf sehr dürftige Nachrichten angewiesen. Denn die Chroniken jener Zeit gedenken des Papststreites nur selten; Urkunden, die uns Aufschluß geben könnten, finden sich wenig oder sind noch nicht bekannt. Man darf annehmen, daß die Bischöfe, deren Vertreter in Pisa gewesen waren und an den Beschlüssen des Konzils teilgenommen hatten, sich zu Alexander bekannten, mag ihre Unterstützung auch nur lau gewesen sein. Nimmt man hinzu, was wir aus der nächsten Zeit erfahren, so gewinnt man für das Frühjahr 1410 ungefähr folgendes, allerdings nicht untrügliches Bild. In der Kirchenprovinz Trier war der Erzbischof allem Anschein nach auf der Seite Gregors [2]), die Bischöfe von Metz und Verdun auf Seiten Alexanders (Toul?) — der Erzbischof von Köln hielt zu Alexander, ebenso die Bischöfe von Lüttich, Utrecht (Minden, Münster-Osna-

---

1) Königshofen, in den Zusätzen bei Mone, Quellensammlung zur Badischen Landesgeschichte. I. S. 260. Bodmann, Rheing. Altert. a. a. O. Auch in der Koelhoffschen Chronik, bei Hegel, Stdchr. 14. S. 741 zum Jahr 1402, wo offenbar die Nachricht, die bei Bodmann gedruckt ist, zu grunde liegt: ind gaf grois gelt uis = maximis pecuniis expositis, desgleichen an beiden Stellen als Todestag fälschlich der 21. Mai angegeben.

2) Gob. Pers. Cosm. VI. cap. 89. R. A. VI. 393. R. A. VII. 12.

brück?)[1] — in der Kirchenprovinz Mainz erkannte der Erzbischof Alexander an, ebenso die Bischöfe von Straßburg[2], Halberstadt, Hildesheim[3], die Bischöfe von Worms, Speier, Eichstädt, Würzburg[4] Gregor; Paderborn war unsicher; in Verden stritt der Anhänger Gregors Ulrich von Albeck mit Heinrich von Hoya, der auf die Seite Alexanders trat[5]. (Basel, Konstanz, Augsburg, Chur?). — In der Kirchenprovinz Salzburg gehorchte der Erzbischof sowie die Bischöfe von Regensburg[6], Freisingen[7], Passau, Gurk, Lavant, Chiemsee Alexander. (Trient, Seckau, Triest?) Auch der Prager Erzbischof trat am 2. September auf die Seite Alexanders[8], vorher schon Konrad von Olmütz (Leitomischl?). In der Magdeburger Kirchenprovinz hielt der Erzbischof zu Alexander, ferner die Bischöfe von Brandenburg[9], Havelberg, Merseburg, Naumburg, Meißen, Lebus. Die Provinz Hamburg-Bremen trat wahrscheinlich auf die Seite des Konzilspapstes[10]. Der Erzbischof von Riga war Anhänger

1) Osnabrück war unbesetzt und wurde seit 1410 mit von Otto von Hoya, Bischof von Münster, verwaltet. Vielleicht schloß er sich wie seine Verwandten, Heinrich in Verden und Johannes von Hildesheim, an Alexander an.

2) R. A. VI. pg. 656,38 ff.

3) R. A. VI. 411.

4) Bischof Wilhelm von Paderborn, ein Verwandter Ruprechts, entschied sich bis in den Oktober 1409 nicht bestimmt für einen der Päpste Gobel. Cosmodr. VI. 90, bei MEIBOM pg. 329 unten. Sein Kapitel erklärte sich dann für Alexander, pg. 330; doch scheint der Bischof dem nicht gefolgt zu sein. Denn er hielt sich noch an den König.

5) R. A. VI. 408.

6) Chron. Luneb. a. a. O.

7) Andreas Ratisponensis, Chronic. ep. Ratisp. bei OEFELE, rer. Boic. script. I. pg. 38. Laur. Hochwart catal. ep. Rat. (ebenfalls bei OEFELE I.) lib. III. cap. 18.

8) Am 31. März 1409 antwortet Alexander auf ein Gesuch des Bischofs. MEICHELBECK, historiae Frisingensis tom. II. pg. 218. N. 310.

9) PALACKY, doc. mag. J. Hus, pg. 372.

10) R. A. VI. 411.

11) Am 15. Febr. 1410 appelliert man in Bremen an Alexander V. Bremisches Urkundenbuch, hrsg. von EHMCK und BIPPEN. Bremen 1886. IV. Band. pg. 517 ff. N. 400; s. N. 401.

Gregors, der Bischof von Samland Alexanders. Der Stuhl von Pomesanien ward während des Konzils erledigt. Auf Ruprechts Vermittelung erhielt das Bistum ein Herr von Schauenburg, Schwestersohn des Erzbischofs von Riga, von Gregor. Aber man wollte ihn nicht aufnehmen. Johannes Rymann ward erwählt und von Alexander bestätigt [1]). Von den freien Sitzen gehörte Breslau zur Obedienz Alexanders, Bamberg zu der Gregors [2]). Der Bischof von Kamin, Nikolaus Bock, ward von Gregor zu seinem Legaten bestellt [3]).

Auch von den weltlichen Fürsten waren manche nach der Wahl zum Konzilspapste übergegangen, so Herzog Heinrich von Bayern unter den Wittelsbachern [4]). Auch Friedrich von Österreich-Tirol, den Beschützer Johanns XXIII. zu Konstanz, dürfen wir auf dieser Seite suchen. Anhänger Gregors war außer den Marburger Verbündeten vielleicht noch Herzog Adolf von Berg [5]) und einige Große in Mittel- und Oberdeutschland [6]).

Dies war das Ergebnis des Kampfes um die Zeit, da Ruprecht und Alexander durch den Tod vom Schauplatz abgerufen wurden. Die Bemühungen des Königs, die Obedienz Gregors in Deutschland aufrechtzuerhalten, hatten wenig Früchte getragen. Der Erfolg sprach gegen die königliche Politik. Was wird das Urteil der geschichtlichen Betrachtung sein?

Vergegenwärtigen wir uns rasch Ruprechts Stellung zur Kirchenfrage. Das geeigneteste Mittel zur Einheit schien ihm eine allgemeine Kirchenversammlung zu sein, wo er unter irgend welcher Form den ihm als römischem König gebührenden Vorrang einzunehmen gedachte. Als nun von den Kardinälen ein Konzil berufen wurde, welches durch die Vereinigung beider

---

1) Joh. Posiler, script. rer. Pruss. III. pg. 300.
2) R. A. VI. 408.
3) Raynald, ann. eccl. 1409. § 83.
4) Am 12. Nov. 1409 erteilt ihm Alexander V. den Heiratsdispens zu seiner Verbindung mit Margarete, Tochter Albrechts von Österreich. Bair. Regesten. Teil XII. unter dem Datum.
5) Wenigstens appellierte er 1414 gegen die Vorgänge bei der Wahl Dietrichs von Mörs zum Kölner Erzbischof an Gregor, allerdings zu gunsten seines Verwandten, des Bischofs Wilhelm von Paderborn. Gob. Pers. Cosm. VI. cap. 92.
6) So vermutlich Burggraf Friedrich von Nürnberg.

Obedienzen Aussicht bot, wirklich den Frieden in der Kirche neu zu begründen, da lehnte er seine Beteiligung nach einigem Zögern ab, ja er ging sehr bald so weit, die Versammlung für null und nichtig zu erklären.

Was bewog ihn dazu? Derjenige Bestimmungsgrund, den wir als den gewichtigsten für Ruprechts Entscheidung bezeichnen dürfen, war das Verhältnis Frankreichs, sowohl zu ihm selbst, wie zu den Kardinälen. Freilich nicht der Wunsch, das Spiel den Händen Unwürdiger zu entreißen [1]), bewegte Ruprecht, vielmehr besorgte er von dem Gelingen des Pisaner Unternehmens einen steigenden Einfluß Frankreichs auf die Geschicke Europas, der sonderlich dem römischen Reiche und seinem eigenen Königtum zu größtem Schaden zu gereichen drohte, zumal Frankreich dem Wenzel und den aufsässigen Reichsfürsten willig die Hand zum Bunde bot. Aber man würde doch irre gehen, wollte man diesen rein politischen Gedanken für den einzig maßgebenden halten. Ruprecht gab sich in der Kirchenfrage der Leitung von Männern hin, die in innigster Beziehung zur Heidelberger Universität standen. Hier war die rechtliche Betrachtung, die Abneigung gegen die von Paris ausgehenden Lehren das eigentlich bestimmende. Darum wirkte auch die Rechtsanschauung, daß man dem Papst nicht um eines angestrebten kirchlichen Gutes willen den Gehorsam kündigen dürfe, auf den König ein. Von besonderer Bedeutung, leider für uns nicht mehr klar erkennbar, war auch Ruprechts Verhältnis zu den Reichsständen. Nur soviel läßt sich feststellen, daß gerade die Zerrüttung des Reichsverbands, die Besorgnis, die Stände möchten sich dem königlichen Einfluß immer mehr entziehen, Ruprecht um so mehr an das Papsttum kettete, in der Hoffnung, hier eine Gewalt zu gewinnen, die ihm helfen könne, die anschwellende Unbotmäßigkeit einzudämmen. — Die beiden mittelalterlichen Gewalten von allgemeiner Bedeutung schließen einen Verteidigungsbund gegen alle jene Mächte, die, nach Selbständigkeit ringend, nur über die Trümmer des römischen Kaisertums und der unbeschränkten Papstherrschaft zum Siege gelangen konnten.

Ruprecht verdient nicht den Vorwurf einer trägen und

---

1) So Höfler, Ruprecht S. 434.

äußerst jämmerlichen Haltung ¹), sowenig geleugnet werden soll, daß es ihm an regem Eifer, wie überhaupt in Deutschland, mangelte. Auch darf man ihn nicht als einen edlen Verteidiger des Papsttums ²) gegen die neuen gefährlichen Lehren hinstellen. Ruprecht schob die Obedienzentziehung nur hinaus, bis ihm die Berechtigung dazu deutlicher nachgewiesen wäre — also nur Verschleppung, keine kraftvolle Maßregel. Das eben war Kurzsichtigkeit. Darum trifft auch die Behauptung nicht zu, daß der Entschluß, den er auf dem Frankfurter Tage faßte, der für Deutschland einzig richtige war ³): wollte Ruprecht die Rechte des deutschen Königs und den Vorteil Deutschlands wahren, so wäre es heilsamer gewesen, wenn auch er eine Verständigung mit den Pisanern ernstlich angestrebt und sich Sicherstellung vor der französischen Schädigung seines Reiches und Thrones und andere Zugeständnisse ausbedungen hätte, also vor allem das Recht der freien Bestätigung des neugewählten Papstes, die Anerkennung seines Königtums, die man ohne Zweifel gewährt haben würde, die volle Anerkennung der goldenen Bulle seitens der Kurie u. s. w. Wieviel mehr Frucht hätten Bemühungen in dieser Richtung dem Könige bringen können, als jene Luftschlösser von Schiedsspruch und Recht, ein Konzil zu beanstanden! Auch die vorschnelle Appellation wird man darum nicht gutheißen können. Thatsächlich schnitt sich Ruprecht dadurch jede Möglichkeit ab, mit den Kardinälen weiter zu unterhandeln und frei die Entscheidung zu treffen, sobald das Ergebnis des Konzils endgiltig feststand. Man kann die Appellation als Zeugnis eines ehrenwerten Charakters, als eine klare, feste That löblich finden, politische Weisheit werden wir darin nicht bewundern.

Der Plan, auf einem Konzil beider Obedienzen auch ohne Mitwirkung der Päpste die Einigung der Kirche herbeizuführen, wuchs aus all den verfehlten Versuchen der letzten dreißig Jahre mit geschichtlicher Notwendigkeit hervor. König Ruprecht verschloß sich dieser Einsicht; darum war seine Politik veraltet und unfruchtbar. Auch der bedrohliche französische

---

1) SAUERLAND, Hist. Zschr. Bd. 57. S. 275 f.
2) PASTOR, Geschichte der Päpste I. S. 145.
3) HÖFLER, S. 416.

Charakter, den er dem Pisaner Unternehmen an sich richtig zuschrieb, war doch eine Einseitigkeit seiner Auffassung. Er schlug die Gefahr zu hoch an, er vergaß darüber, an anderes wichtige zu denken, ja er förderte gerade durch seine feindliche Haltung die Verbindung Frankreichs mit seinen Gegnern im Innern des Reiches. So hat Ruprecht selbst durch politische Fehler mit dazu beigetragen, daß die Kirchenangelegenheit, die während des letzten Abschnittes seiner Regierung vorherrschte, Ursache ward zu einer neuen Erschütterung seines Thrones.

Ruprechts Bestrebungen wurden nach seinem Tode von seinem Sohne Ludwig und den befreundeten Fürsten fortgesetzt. Was ihm nicht zu erreichen möglich gewesen war, das gewährten günstigere Verhältnisse und größeres diplomatisches Geschick dem, der nach argen Wirren als sein Nachfolger den Thron bestieg, zu Konstanz. Das war ein Konzil, wie es Ruprecht angestrebt hatte, zwischen Papst und Kaiser vereinbart, vom Kaiser geleitet, von allen Völkern, auch von den Deutschen zahlreich beschickt. Hier dankte Gregor freiwillig ab, die neuen Kardinäle wurden in ihre Würden eingesetzt. Gewiß wäre es ungeschichtlich, wollte man das Konstanzer Konzil als einen Triumph der Ruprechtschen Politik feiern. Ganz andere Gründe führten ja zu seiner Berufung, als sie Ruprecht im letzten Jahre seiner Regierung verfolgte. Immerhin darf man sagen, Ruprecht hat durch sein zähes Festhalten an Gregor die Möglichkeit jener allseitig befriedigenden Beendigung der Kirchenspaltung vorbereiten helfen.

Lebenslauf.

Karl Rudolf Kötzschke, geboren zu Dresden den 8. Juli 1867 als Sohn des königlich sächsischen Kammermusikus Hermann Kötzschke, evangelischer Konfession, erhielt ich den ersten Unterricht in der Gelinekschen Privatschule und bezog Ostern 1877 das Gymnasium zum heiligen Kreuz in meiner Vaterstadt. Ostern 1885 mit dem Zeugnis der Reife entlassen, wandte ich mich nach Leipzig, um Altertumswissenschaft und Geschichte zu studieren. Während des Sommerhalbjahrs 1887 besuchte ich die Tübinger Hochschule und kehrte im Winterhalbjahr wieder nach Leipzig zurück, um meine Studien an der Landesuniversität zu beenden. Vorlesungen habe ich gehört bei den Herren Proff. ARNDT, CRUSIUS, CURTIUS, Dr. ERLER, HERZOG, HEINZE, HILDEBRAND, LIPSIUS, MAURENBRECHER, RATZEL, RIBBECK, RICHTER, ROHDE, ROTH, SCHWABE, SPRINGER, VOIGT, WACHSMUTH, WINDISCH, WUNDT, ZARNCKE. Teil genommen habe ich an den Übungen des philologischen, historischen, pädagogischen, geographischen und deutschen Seminars und den wissenschaftlichen Gesellschaften der HH. ERLER, LIPSIUS und WINDISCH. Allen meinen akademischen Lehrern werde ich mich zu stetem Danke verpflichtet fühlen, vor allen den Herren Proff. HEINZE, MAURENBRECHER, LIPSIUS, WINDISCH und WUNDT, sowie Herrn Dr. ERLER, der mich in den Studienkreis, dem diese Arbeit entsprungen ist, eingeführt und darin mannigfach, besonders durch Mitteilung bisher unbekannter Aktenstücke gefördert hat.